QUESTÕES DE CONCURSO

Comentários a questões de concursos
para a Magistratura e
Ministério Público do Trabalho

VOLUME 6

ANA PAULA ALVARENGA MARTINS
CARLOS EDUARDO OLIVEIRA DIAS
Juízes do Trabalho da 15ª Região

QUESTÕES DE CONCURSO

Comentários a questões de concursos para a Magistratura e Ministério Público do Trabalho

VOLUME 6

2ª edição

EDITORA LTDA.
© Todos os direitos reservados

Rua Jaguaribe, 571
CEP 01224-001
São Paulo, SP — Brasil
Fone (11) 2167-1101
www.ltr.com.br

Produção Gráfica e Editoração Eletrônica: R. P. TIEZZI
Projeto de Capa: FABIO GIGLIO
Impressão: PIMENTA GRÁFICA E EDITORA
LTr 4930.5
Outubro, 2013

Dados Internacionais de Catalogação na Publicação (CIP)
(Câmara Brasileira do Livro, SP, Brasil)

Martins, Ana Paula Alvarenga
 Questões de concurso : comentários a questões de concursos para a magistratura e Ministério Público do Trabalho, volume 6 / Ana Paula Alvarenga Martins, Carlos Eduardo Oliveira Dias. — 2. ed. — São Paulo : LTr, 2013.

Bibliografia
ISBN 978-85-361-2737-8

1. Juízes trabalhistas — Concursos — Exames, questões etc. — Comentários 2. Justiça do trabalho — Brasil 3. Magistratura — Concursos — Exames, questões etc. — Comentários 4. Ministério Público — Concursos — Exames, questões etc. — Comentários I. Dias, Carlos Eduardo Oliveira. II. Título.

13-09836 CDU-347.962:347.963:331(81)(079)

Índices para catálogo sistemático:

1. Concursos : Questões comentadas : Magistratura trabalhista : Direito : Brasil
   347.962:347.963:331(81)(079)
2. Concursos : Questões comentadas : Ministério Público do Trabalho : Direito : Brasil 347.962:347.963:331(81)(079)

Sumário

APRESENTAÇÃO 9

DIREITO DO TRABALHO

1) O empregador estabeleceu, por intermédio de regulamento interno, vantagem pecuniária para os empregados que completassem cinco anos de serviço. Sobrevindo a supressão desta norma, o empregado contratado sob sua égide ainda terá o direito de ser por ela beneficiado? 11

2) Discorra sobre a novação no Direito do Trabalho e eventuais reflexos na órbita processual trabalhista 14

3) É lícita cláusula compromissória de arbitragem para solução de litígios individuais de trabalho? Justifique o entendimento........................ 17

4) Prescrição em Direito do Trabalho: a) Conceito. Teoria da *actio nata*; b) Total e parcial. Podem ser declaradas de ofício? c) Prescrição nas ações em que se discute dano moral; d) Prescrição do título em que se funda a ação monitória 19

5) "A" interpôs reclamação trabalhista contra sua empregadora, a sociedade de economia mista "B", sustentando que manteve contrato de trabalho pelo regime da Consolidação das Leis do Trabalho (CLT) com esta desde 1º.6.1980. Obteve aposentadoria espontânea em 1º.8.2007 e continuou trabalhando para sua empregadora, até que em 11.9.2009 foi abruptamente dispensado, ocasião em que recebeu apenas o saldo de salário e a liberação dos depósitos de Fundo de Garantia do Tempo de Serviço (FGTS). Postula o pagamento das verbas rescisórias decorrentes da dispensa sem justa causa, inclusive indenização de 40% sobre o FGTS de todo o contrato de trabalho. Defendendo-se, "B" alega que, não obstante entendimento exarado pelo Excelso Supremo Tribunal Federal na Ação Declaratória

de Inconstitucionalidade (ADIN) n. 1.770-4, no caso em apreço, com a aposentadoria espontânea obtida em 1º.8.2007, operou-se a extinção do contrato de trabalho mantido entre as partes e a prestação de serviços posterior não pode gerar direitos e obrigações, eis que tal vinculação está eivada de nulidade porque não precedida de nova aprovação em concurso de provas e títulos. Prequestiona a aplicação do art. 37 incisos II, XVI e XVII e ainda § 10 da Constituição Federal, bem como aplicação da Súmula n. 363 do Colendo Tribunal Superior do Trabalho. Solucione fundamentadamente a controvérsia observando todos os questionamentos formulados pelas partes e o posicionamento adotado pelo Colendo Tribunal Superior do Trabalho 22

DIREITO PROCESSUAL DO TRABALHO

6) Durante audiência trabalhista, a testemunha indicada pela empresa, após compromisso, se recusa, sem justificativa legal, a responder perguntas feitas pelo Juiz. Ato contínuo, o Magistrado decreta a prisão em flagrante da testemunha, determinando ao oficial de justiça o seu recolhimento ao Distrito Policial. Indaga-se: a) Qual a consequência jurídica do ato do juiz, no âmbito penal? b) Qual a consequência jurídica do ato do Juiz, no âmbito da reclamação trabalhista? 27

7) *Habeas data, habeas corpus* e interdito proibitório: a) Conceito; b) É cabível a apresentação perante a Justiça do Trabalho? Fundamente e exemplifique 29

8) Qual a possibilidade de ação rescisória em sentenças normativas proferidas em Dissídios Coletivos? 33

9) A Lei n. 12.016, de 7 de agosto de 2009, trouxe nova disciplina ao mandado de segurança individual e coletivo. Faça a análise comparativa do art. 7º, § 1º, da lei em questão, com os princípios, as normas e as regras que informam o Direito Processual do Trabalho . 37

10) Qual o fato gerador da contribuição previdenciária cuja competência para execução está acometida à Justiça do Trabalho? Diante da falência do executado, como o juiz deve proceder para levar a cabo a execução da contribuição previdenciária e respeitar o privilégio do crédito trabalhista? 39

DIREITO CIVIL

11) Administrador autônomo firmou contrato de prestação de serviços com empresa multinacional, estabelecendo um acordo de não concorrência, pelo qual se comprometia a não exercer atividade que venha concorrer com a empresa, em nível nacional ou internacional, pelo período de dois anos, contados da data em que este contrato tiver sua vigência encerrada. Em contrapartida, recebia indenização correspondente a 50% do honorário mensal pactuado, pelo período de 24 meses, também a contar do encerramento do contrato. Indaga-se: a) A pactuação efetivada é compatível com o Texto Magno? b) Pode a empresa renunciar ao acordado, por sua vez deixando de pagar, unilateralmente, a indenização avençada? c) Caso o trabalhador tome a iniciativa de romper o contrato, a indenização será devida? d) A competência para dirimir eventual controvérsia decorrente de referido contrato é da Justiça do Trabalho? 46

DIREITO CONSTITUCIONAL

12) Uma das características dos sistemas constitucionais contemporâneos é a transversalidade dos direitos humanos que, em termos práticos, significa a interligação entre os chamados deveres de abstenção e os deveres de prestação do Estado e dos agentes privados, quer para a teoria da aplicação horizontal direta, quer para a aplicação indireta. Numa ação civil pública movida contra uma mineradora e diversos prestadores de serviços por ela contratados, o Ministério Público do Trabalho postulou que o tomador se abstivesse de excluir horas de trajeto da planilha de custos dos prestadores de serviço, para que a jornada prestada não excedesse as oito (8) horas diárias e as quarenta e quatro (44) semanais, já computadas as horas de trajeto, além de reparações por dano moral coletivo. Os argumentos do magistrado para acolher os pedidos basearam-se numa inspeção judicial de vinte e nove (29) horas e na circunstância de o *locus* da execução do contrato ser uma floresta nacional, onde o direito de ir e vir sofre severa restrição legal por força do *ethos* da conservação da biota (fauna e flora): isso porque a jornada concretamente executada (incluído o deslocamento e a preparação para o deslocamento) durava quinze (15) horas diárias, comprometendo uma série de aspectos da vida civil e social dos cidadãos, desde o descanso até

a fruição de suas convicções religiosas, o convívio familiar, inclusive o exercício de suas funções paternas, além do direito ao lazer. A base da decisão encontra respaldo na jurisprudência consolidada e sumulada do TST, mas também recorreu a conceitos de direito econômico, como o *dumping*, para interferir no regime de contratos do tomador e impor obrigações de não fazer, relacionadas com o descumprimento de legislação federal pelos prestadores de serviço. Trata-se da imposição horizontal de direitos fundamentais. Mas qual a legitimidade jurídica, legal e sociológica para tais imposições judiciais? 50

DIREITO ADMINISTRATIVO

13) São imutáveis os atos praticados pela Administração? Justifique. Comente a expressão "coisa julgada administrativa".................. 56

DIREITO PROCESSUAL CIVIL

14) Prova testemunhal: a) Arguida a contradita e negado, pela testemunha, o fato que a embasou: qual será o procedimento do magistrado? b) Como deve proceder o magistrado que, durante o depoimento da testemunha (advertida e legalmente compromissada), constata que a mesma está mentindo em juízo? c) Obriga-se o juiz, na forma da lei, à oitiva de todas as testemunhas que as partes tenham conduzido para depor? d) Em que hipóteses não se admite prova testemunhal?... 59

15) É tecnicamente correto afirmar que uma ação foi julgada improcedente? Justifique, analisando a evolução da doutrina nesta matéria 61

APRESENTAÇÃO

Há alguns anos temos prestado auxílio a candidatos em Concursos Públicos para a Magistratura e para o Ministério Público do Trabalho, seja em aulas realizadas em cursos preparatórios, seja em orientações pessoais ou realizadas em grupos de estudos. Nessa atividade, invariavelmente nossos orientandos nos solicitam que comentemos questões de provas dissertativas já realizadas, tanto para que possam identificar similitudes com suas próprias respostas, como também para subsidiar novos estudos. Esses comentários são sempre feitos tendo como foco aquilo que imaginamos que deveria ser abordado pelo candidato na resposta, o que resulta em um estudo amplo e o mais completo possível de cada instituto abordado na prova. O comentário feito, pois, revela um paradigma importante para se compreender os diversos temas exigidos em cada prova.

Com isso, já analisamos mais de uma centena de questões, de concursos realizados desde 1998, e a utilidade que vimos no resultado desse trabalho nos estimulou a organizá-las de forma a permitir sua publicação em pequenos opúsculos, como o que ora apresentamos.

Assim, nossa proposta neste trabalho é o de oferecer, em diversos volumes, uma seleção das questões que entendemos mais importantes e interessantes, dentre todas as que até o momento avaliamos e comentamos. Para tanto, procuramos identificar naquelas questões que já possuímos as que tenham maior repercussão no universo dos candidatos em concurso. Como esse trabalho foi sendo desenvolvido no curso dos anos, optamos por questões que ainda denotam relevância, deixando de lado aquelas que, por razões das mais diversas, deixaram de ter tanto interesse, ou ainda as que foram descontextualizadas por mudanças legislativas ou de orientações predominantes na jurisprudência. De outra parte, a despeito de encontrarmos questões interdisciplinares, ou seja, que abordam mais de uma disciplina em seu bojo, optamos pela fidelidade à classificação usada na própria prova, pela respectiva Comissão Organizadora.

Revelamos, outrossim, que cada problema apresentado exige uma perspectiva crítica, e sobre vários temas reconhecemos que há um tanto de subjetivismo imanente na resposta — mesmo porque apontamos, conforme o caso, nosso posicionamento pessoal a seu respeito. No entanto, focando os objetivos que buscamos nas respostas, sempre apontamos uma perspectiva ampla, envolvendo inclusive os entendimentos predominantes e consolidados, para tornar o mais completa possível a resposta ao candidato.

Pela própria dinâmica do trabalho, preferimos apresentar apenas algumas questões em cada volume, o que nos permite manter o trabalho em constante atualização, pois cada concurso realizado possibilita o acréscimo de novos temas a serem comentados.

Por outro lado, consideramos o universo das disciplinas exigidas nas provas dissertativas dos concursos, de modo que sempre apresentamos algumas questões de cada uma delas, divididas de forma temática.

Conforme já exposto, nossa expectativa é de que esses opúsculos possam servir de fonte de estudos, especialmente para os que estão prestando ou pretendem prestar concursos para carreiras jurídicas trabalhistas, mas também podem ser usados para todos os que quiserem se defrontar com temas relevantes, polêmicos e palpitantes.

Os autores.

DIREITO DO TRABALHO

1) O empregador estabeleceu, por intermédio de regulamento interno, vantagem pecuniária para os empregados que completassem cinco anos de serviço. Sobrevindo a supressão desta norma, o empregado contratado sob sua égide ainda terá o direito de ser por ela beneficiado?

A questão formulada envolve a análise de dois institutos estruturais do Direito do Trabalho: as suas fontes normativas e um dos seus mais importantes princípios. Em um primeiro plano, o tema proposto nos leva a analisar a natureza jurídica do regulamento empresarial, para identificá-lo como sendo ou não uma fonte de Direito do Trabalho. Nesse sentido, temos que são consideradas **fontes materiais** de Direito aqueles *fatos ou atos dos quais o ordenamento jurídico faz depender a produção de normas jurídicas*, estas componentes do que chamamos de **fontes formais**. Desse conceito, denota-se uma interconexão natural entre as duas acepções mais comuns que se empresta às fontes jurídicas, e com base nele, podemos afirmar que o Direito do Trabalho é um dos ramos do direito caracterizado por admitir uma multiplicidade de fontes normativas, não se curvando à exclusividade da imputação formal de conduta por parte do Estado.

Com isso, é correto afirmarmos que o Direito do Trabalho se organiza sobre uma *estrutura plurinormativa*, o que significa que as suas diretrizes positivadas podem advir de diversas fontes, que não apenas as oriundas das leis, em sentido lato. Observa-se, com isso, que a concepção pluralista é fundada na observação de que nesta não existe apenas um, mas sim vários centros geradores de normas jurídicas, resultando na valorização da **autonomia da vontade** como instrumento de formulação de soluções jurídicas para situações concretas, com a devida liberdade de pactuação conferida pela entidade estatal. Em regra, usa-se a expressão "autonomia da vontade" para designar um aspecto principiológico do Direito Civil, fundado na liberdade contratual dos contratantes, consistindo no poder de estipular livremente, como melhor lhes convier, mediante acordo de vontades, a disciplina de seus interesses.

Mas isso desvela apenas um gênero, ou mais precisamente, um dos aspectos da autonomia da vontade. O pluralismo jurídico abre espaço para o incremento da capacidade de auto-organização e autogovernabilidade dos diversos grupos sociais, relativamente aos interesses que defendem ou conjugam. Com isso, permite-se às organizações da sociedade ou grupos sociais unitários que estabeleçam padrões de regulação dos interesses envolvidos em suas relações jurídicas, na ausência da regulação estatal heterônoma ou como forma de sua complementação. Dessa análise, e admitindo-se o pluralismo normativo, tem-se que as fontes formais de Direito podem ser classificadas como sendo: a) *legais*, quando resultam do poder estatal de editar leis e outras normas similares; b) **consuetudinárias** aquelas decorrentes das formas de comportamento coletivo da sociedade, como expressão do seu poder social; c) *jurisdicionais*, que são as resultantes das decisões judiciais e d) **negociais** — nas quais se evidencia a vontade humana de estabelecer vínculos regulatórios com outra pessoa.

No entanto, a forma ou a denominação assumidas por um determinado ato jurídico não é suficiente para caracterizá-lo como sendo fonte formal de Direito. Segundo o critério estabelecido por Léon Duguit, essa configuração ocorrerá quando se tratar de um *ato-regra*, ou seja, um ato que crie normas de conduta gerais, impessoais, abstratas e dotadas de sanção. É por essa razão que o contrato, que é a mais forte expressão da autonomia da vontade, não pode ser considerado fonte de Direito: a especificidade das suas formulações e a restrição da sua abrangência fazem com que seja meramente uma fonte de direitos e obrigações jurídicas. A circunstância de ser composto de cláusulas de direcionamento específico e pessoal, envolvendo apenas as partes contratantes e comando concreto retira totalmente sua natureza de fonte de Direito.

No caso do regulamento empresarial, tem-se uma disposição dotada de estrutura absolutamente normativa, com características que o assemelham a diplomas legais em sentido estrito, e servem à regulação de conduta a ser respeitada pelos trabalhadores na execução de suas atividades na empresa, importando, invariavelmente, na assunção de obrigações do próprio empregador. É o caso, p. ex., do plano de carreira, da concessão de licenças, de sistemas de complementação de aposentadoria, dentre outros. Esses direitos normalmente advêm de um regramento estabelecido pelo próprio empregador, que estipula a forma e as condições para seu exercício, passando a configurar um referencial positivado que será invocado sempre que houver o seu descumprimento. Portanto, apesar de ser unilateral, o teor do regulamento empresarial obriga o próprio empregador ao seu cumprimento, a ponto de invalidar ato que seja praticado em desrespeito às suas disposições.[1]

No entanto, é exatamente o seu caráter unilateral que impede, para a maioria dos intérpretes do Direito do Trabalho, que seja o regulamento reconhecido como uma de suas fontes. Como dito, os caracteres nomogenéticos do regulamento não nos permitem o enquadramento em qualquer das modalidades antes arroladas, já que o fato de serem impostas exclusivamente pelo empregador impossibilita seu reconhecimento como *fonte negocial.* Assim, mesmo sendo normas de caráter geral, abstratas e impessoais, os regulamentos empresariais têm sido considerados como *ato de vontade unilateral*, a partir do que produzem efeitos concretos nas relações mantidas sob sua égide.

Assim, tem-se majoritariamente entendido que as normas regulamentares aderem ao contrato de trabalho como se fossem cláusulas contratuais, e não como normas aplicáveis as contratos. Esse fato se projeta naturalmente para a incidência do *princípio da inalterabilidade dos contratos de trabalho*, inscrito no art. 468 da CLT. Segundo esse preceito, as cláusulas contratuais — expressas ou tácitas — só podem ser alteradas com o consentimento do empregado e, ainda, se não lhe causarem prejuízo. Qualquer disposição transgressora desse preceito recebe a mácula da nulidade, nos termos do mesmo dispositivo legal.

Dito isso, tem-se que, uma vez estipulado determinado direito em norma regulamentar, essa disposição deverá ser considerada como parte do contrato de trabalho dos empregados cujos contratos estavam em vigor quando da instituição dessa norma, o mesmo valendo para aqueles que vierem a ser contratados enquanto ela vigorar. Caso haja revogação da norma, como sugere a questão, a nova situação jurídica só poderá alcançar os trabalhadores que vierem a ser contratados após a mudança do regulamento, pois para os demais, a supressão do direito representaria uma alteração ilícita do contrato de trabalho. É esse o sentido preciso da Súmula n. 51, I, do TST.[2]

---

(1) Um interessante exemplo dessa vinculação é obtido da leitura da Súmula n. 77 do TST, que assim estipula: "Nula é a punição de empregado se não precedida de inquérito ou sindicância internos a que se obrigou a empresa por norma regulamentar".
(2) "SUM-51 NORMA REGULAMENTAR. VANTAGENS E OPÇÃO PELO NOVO REGULAMENTO. ART. 468 DA CLT. I — As cláusulas regulamentares, que revoguem ou alterem vantagens deferidas anteriormente, só atingirão os trabalhadores admitidos após a revogação ou alteração do regulamento. (ex-Súmula n. 51 — RA n. 41/1973, DJ 14.6.1973."

Dessa forma, se o regulamento prevê vantagem pecuniária a quem completar cinco anos de serviço, todos os trabalhadores que tinham contratos vigentes enquanto a norma vigorou têm assegurada a incidência dessa regra, mesmo que o lapso previsto para a aquisição do direito não tenha se completado. Com isso, mesmo aqueles que vierem a completar os cinco anos depois da revogação, tendo sido admitidos enquanto a norma existia, terão o direito ao benefício em comento, pois a disposição, repita-se, foi inserida em seu contrato de trabalho, sendo nula qualquer tentativa de supressão.[3]

2) Discorra sobre a novação no Direito do Trabalho e eventuais reflexos na órbita processual trabalhista.

A novação contratual figura como uma das hipóteses de extinção das obrigações, admitindo o direito pátrio a alteração da própria prestação obrigacional — novação objetiva — e, ainda, a substituição de um dos titulares, credor ou devedor, da relação jurídica obrigacional original — novação subjetiva —, fazendo incidir a regra da transmissibilidade plena das obrigações. Em ambos os casos, uma nova relação jurídica obrigacional surge em substituição à obrigação primitiva, que se extingue.

Ao Direito do Trabalho interessa principalmente a novação subjetiva operada em relação à figura jurídica do empregador, costumeiramente nominada de sucessão de empregadores, não se admitindo a novação subjetiva quanto à pessoa do empregado, em virtude da natureza personalíssima da prestação assumida por este, como, a propósito, é da essência da formação do contrato de emprego. Ademais, este ramo jurídico específico atribui consequências distintas daquelas que o Direito Civil faz incidir à hipótese de novação subjetiva, mantendo-se, por exemplo, íntegras as obrigações originais do contrato de trabalho e, em determinadas situações, também a responsabilidade do obrigado original — no caso, o sucedido. Não há necessariamente, portanto, a substituição da obrigação primitiva e sua consequente extinção.

---

(3) Trata-se de uma situação similar àquela tratada pela Súmula n. 288 do TST, *verbis*: "SUM-288. COMPLEMENTAÇÃO DOS PROVENTOS DA APOSENTADORIA. A complementação dos proventos da aposentadoria é regida pelas normas em vigor na data da admissão do empregado, observando-se as alterações posteriores desde que mais favoráveis ao beneficiário do direito".

Enfatize-se que, como registramos, a pessoalidade é elemento que incide apenas sobre a figura do empregado, pois no tocante ao empregador prevalece aspecto oposto, ou seja, o da sua despersonalização. Em consequência, na relação empregatícia pode ocorrer a constante alteração subjetiva do contrato — desde que no polo empresarial — mantendo-se em vigor as regras contratuais anteriores com relação ao mesmo empregado. É o que se prevê, a propósito, nos arts. 10 e 448 da CLT, que tratam da chamada sucessão trabalhista. Assim, a sucessão de empregadores não afeta os contratos de trabalho assumidos originalmente pelo sucedido, e nem os direitos adquiridos dos trabalhadores são afetados, porquanto permanecem íntegros, a despeito da novação subjetiva operada.

Contudo, a ocorrência da sucessão gera discussões sobre a responsabilidade patrimonial do sucessor e do sucedido. Com relação ao primeiro, doutrina e jurisprudência são unânimes em determinar a sua responsabilização por todos os débitos trabalhistas, inclusive aqueles anteriores à sucessão. Expressiva parcela da doutrina vem inclusive reconhecendo a responsabilidade do sucessor pelos débitos trabalhistas passados, originários de contratos extintos antes de operada a sucessão, independentemente da ocorrência de fraude à lei ou simulação. A única exceção reconhecida pela jurisprudência decorre das hipóteses de sucessões operadas com a transferência de concessões públicas com trepasse não definitivo de bens.

Quanto à responsabilidade do sucedido, a questão revela-se mais polêmica. Enquanto no Direito Civil a novação é meio de extinção de obrigações em relação àquele devedor que se retirou, no Direito do Trabalho a doutrina é dissonante quanto à permanência de responsabilidade do sucedido. Parte da doutrina entende que, como regra geral, na sucessão trabalhista não se preserva qualquer responsabilidade do sucedido, solidária ou subsidiária, pelos créditos trabalhistas relativos ao período anterior à transferência, revelando-se plenos os efeitos da figura sucessória: o sucessor assume, na integralidade, o papel de empregador, respondendo por todo contrato de trabalho do empregado, em virtude do caráter persecutório da responsabilidade, em face daquele que detém os meios de produção.

De outro lado, parte da doutrina afirma que de acordo com os arts. 10 e 448 da CLT, ficam assegurados todos os "direitos adquiridos" dos empregados quando ocorrer "qualquer alteração na estrutura jurídica das empresas", dentre os quais o direito de crédito contra o antigo empregador (sucedido), e também, o mesmo direito contra o sucessor, por força de lei.

As empresas sucedidas e sucessoras passariam, a partir do trespasse, à posição de devedores solidários ou subsidiários nos débitos constituídos até então, ressaltando-se que somente a segunda seria responsável pelas dívidas contraídas após a sucessão.

Essa solidariedade ou subsidiariedade resultaria de imposição legal, pois ao se estabelecer que a mudança da propriedade ou na estrutura jurídica da empresa não afeta os contratos de trabalho dos respectivos empregados (art. 448, CLT), quer a lei consignar que o sucessor deve assumir todas as obrigações decorrentes dos vínculos empregatícios mantidos até então, não significando isso a isenção do sucedido pelos débitos já constituídos. O sucedido continuaria responsável pela satisfação dos débitos constituídos até a data da sucessão, já que a transferência obrigacional não surte efeito em relação ao empregado, enquanto que a empresa sucessora, com o trespasse, assumiria também a posição de devedora das verbas devidas até então (arts. 10 e 448 da CLT). Justifica-se tal posicionamento pelo argumento de que a assunção de débito não surte efeito em relação ao credor quando realizada sem o seu consentimento, ainda mais em se tratando de crédito de natureza trabalhista, imantado de indisponibilidade absoluta por parte do empregado.

A dissonância de posicionamento quanto ao tema resta evidente nas Orientações Jurisprudenciais ns. 225 e 261 da SDI I do TST:

OJ n. 225. Contrato de concessão de serviço público. Responsabilidade trabalhista. Celebrado contrato de concessão de serviço público em que uma empresa (primeira concessionária) outorga a outra (segunda concessionária), no todo ou em parte, mediante arrendamento, ou qualquer outra forma contratual, a título transitório, bens de sua propriedade:

I — em caso de rescisão do contrato de trabalho após a entrada em vigor da concessão, a segunda concessionária, na condição de sucessora, responde pelos direitos decorrentes do contrato de trabalho, sem prejuízo da responsabilidade subsidiária da primeira concessionária pelos débitos trabalhistas contraídos até a concessão;

II — no tocante ao contrato extinto antes da vigência da concessão, a responsabilidade pelos direitos dos trabalhadores será exclusiva da antecessora. (nova redação, DJ 20.4.2005).

OJ n. 261 — Bancos. Sucessão Trabalhista. As obrigações trabalhistas, inclusive as contraídas à época em que os empregados trabalhavam para o banco sucedido, são de responsabilidade do sucessor, uma vez que a este foram transferidos os ativos, as agências, os direitos e deveres contratuais, caracterizando típica sucessão trabalhista. (27.9.2002)

De tais manifestações consolidadas na jurisprudência do TST, conclui-se que o trespasse de patrimônio — determinante da sucessão de empregadores — resulta em consequências distintas, se ele se dá de forma definitiva ou transitória, tanto em relação à manutenção da responsabilidade do sucedido, quanto em relação à responsabilização do sucessor.

A novação objetiva, por sua vez, tem um campo de incidência menor no Direito do Trabalho, em razão dos princípios peculiares que o norteiam. Assim, o fato de os direitos trabalhistas serem imantados, em sua maioria, de indisponibilidade absoluta, impede que se reconheça validade a essa forma de extinção de obrigações. Contudo, entendemos que as alterações contratuais lícitas, ou seja, as alterações bilaterais e benéficas que se produzem no contrato de trabalho, devem ser consideradas novação de obrigações, uma vez que novas obrigações surgem em substituição a antigas obrigações, como, p. ex., a promoção de empregado para nova função com distintas obrigações, tanto patronais, quanto obreiras.

3) É lícita cláusula compromissória de arbitragem para solução de litígios individuais de trabalho? Justifique o entendimento.

A lei que regula a arbitragem (Lei n. 9.307/96) não faz qualquer restrição quanto à sua utilização em matéria trabalhista, e devemos observar que seu uso em conflitos coletivos de trabalho está previsto no art. 114, § 2º, da CRFB/88, e já constava do texto anterior à Emenda n. 45/04. No entanto, em se tratando de matéria individual, a admissibilidade sofre seus revezes críticos por se afirmar sua incompatibilidade com os preceitos próprios do Direito do Trabalho.

O processo de arbitragem ocorre quando, em relações privadas, os envolvidos ajustam cláusula em que se comprometem, em caso de litígio na interpretação ou cumprimento do contrato, a recorrerem a árbitro privado para solução do conflito, dispensando-se, assim, a provocação jurisdicional que poderia resultar em maiores despesas aos interessados e postergação indefinida da solução desse conflito.

Em matéria trabalhista, essa previsão poderia estar tanto em contrato individual como em acordos ou convenções coletivas de trabalho, e isso justamente o que nos leva a refletir sobre a licitude ou não dessa estipulação. Sendo assim, não podemos deixar de considerar que a fixação dessa modalidade de cláusula em contrato individual é presumidamente ilegítima. Isso porque a convenção de arbitragem tornaria obrigatório esse procedimento, que configuraria uma excludente do direito de postular a reparação contratual em Juízo. E, considerando-se a forma típica dos contratos individuais de trabalho, é sabido que o trabalhador em regra não participa do processo de sua elaboração, configurando-se as cláusulas ali fixadas como verdadeiras cláusulas de adesão.

Por outro lado, considerando-se que a arbitragem é privada e deve ser custeada pelas partes envolvidas no conflito, parece natural que o trabalhador não tenha meios próprios para satisfazer esses custos, o que naturalmente transfere ao empregador a totalidade desses encargos. Logo, a confiabilidade do empregado no processo de arbitragem resta comprometida, pois seria natural que deixasse de vislumbrar a necessária isenção do árbitro, cujos honorários são pagos pelo seu empregador, para resolver um litígio entre ambos.

Da mesma maneira, reputamos ilegítima a fixação dessa exigibilidade em convenções e acordos coletivos de trabalho. Afinal, o exercício direto do direito de ação é uma garantia individual dos trabalhadores, e estas não estão sujeitas à transação feita pela entidade sindical, que somente pode negociar direitos coletivos da categoria. Ilícita, portanto, a cláusula normativa que cria essa obrigação para o trabalhador, pois somente o sujeito do direito poderia transacioná-lo, e, ainda assim, desde que se trate de direito considerado relativamente indisponível. Isso não envolve, obviamente, aquelas normas coletivas que preveem a possibilidade de provocação de Câmaras ou Núcleos de Conciliação paritários, sobretudo porque nesse caso não há fixação de cláusula compromissória: as partes convenentes apenas ajustam a criação desses organismos, que são disponibilizados para os membros da categoria que, se assim desejarem, podem suscitar suas postulações perante esses órgãos a fim de tentar uma conciliação. Mas isso não é obrigatório e nem elimina ou condiciona o direito de ação trabalhista, como já decidiu o Supremo Tribunal Federal ao se manifestar a respeito da constitucionalidade ou não das Comissões de Conciliação Prévia.[4]

Assim, concluímos que, em se tratando de relações individuais de trabalho, qualquer estipulação compromissória de utilização de arbitragem na solução dos litígios individuais de trabalho é nula, seja constante de

---

(4) A solução do STF foi no sentido de determinar que a interpretação do art. 625-A da CLT seja feita de maneira conforme à Constituição, ou seja, não considerando obrigatória a sua sujeição por parte do trabalho.

contrato individual ou de norma coletiva. Porém, cumpre-nos destacar que a jurisprudência ainda não se manifestou de maneira definitiva a respeito do tema. É certo que o próprio Tribunal Superior do Trabalho tem encontrado dissonâncias em suas manifestações, sendo certo que ora profere decisões admitindo a cláusula compromissória de arbitragem, ora decide em sentido contrário.

4) Prescrição em Direito do Trabalho: a) Conceito. Teoria da *actio nata*; b) Total e parcial. Podem ser declaradas de ofício? c) Prescrição nas ações em que se discute dano moral; d) Prescrição do título em que se funda a ação monitória.

Prescrição é um fato jurídico que representa a perda da exigibilidade judicial de um direito, pela inércia de seu titular, em um determinado decurso temporal, previamente definido em lei. A teoria que prevalece em se tratando de definição do termo inicial do prazo prescricional é a chamada teoria da *actio nata*, pela qual a prescrição se inicia a partir do momento em que o credor toma ciência da lesão ao seu direito, que coincide com a possibilidade de exercer o direito de ação. Isso se justifica porque o pressuposto fundamental da prescrição é, como dito, a inércia do titular do direito, de modo que somente quando ele tem disponível o direito de ação é que pode ter início o prazo dentro do qual ele deve realizar esse exercício. Antes da possibilidade de exercer o direito, portanto, não flui o prazo prescricional — daí a expressão *actio nata*, que relaciona o surgimento do fluxo prescricional com o nascimento do direito de ação, o qual, por sua vez, surge com a lesão (ou com o conhecimento do credor de que ela ocorreu).

Tradicionalmente, e até por razões conceituais, a prescrição somente poderia ser decretada mediante provocação da parte interessada. Essa era a diretriz do art. 162 do Código Civil de 1916, reprisada pelo art. 194 do Código Civil de 2002, que regulam a matéria — a CLT é omissa a respeito. Essa perspectiva se justificava na medida em que o instituto da prescrição é tipicamente de direito material, e configura um direito disponível por parte do devedor, que poderia renunciar a ele a qualquer tempo. Além disso, representa meramente a perda da exigibilidade judicial de um direito material, mas não o afeta em si.

No entanto, o CC/2002, em seu art. 194 permitiu a cognição da prescrição de ofício sempre que o seu beneficiário (devedor) fosse incapaz, visando suprir, no caso, a falta de alegação por quem não praticava pessoalmente os atos de sua vida civil ou na defesa de seus interesses processuais. Isso foi enxergado, por considerável parte da doutrina, como uma medida de equacionamento das relações processuais, evitando que um incapaz pudesse ser prejudicado, com a falta de alegação da prescrição, que dele não dependeria pessoalmente.

A Lei n. 11.280/2006 inseriu no art. 219 do CPC, o § 5º, que passou a admitir o reconhecimento da prescrição de ofício, ou seja, independentemente de alegação da parte interessada. Nesse contexto, a lei revogou o art. 194 do CC, e tornou regra geral aquela norma específica, apenas adotada, até então, para o absolutamente incapaz. Por tratar-se de norma processual, sua aplicação é imediata, desde sua vigência (18.5.2006), e o juiz já poderia, para os processos sob seu exame, reconhecer de ofício a prescrição. A questão, no entanto, indaga sobre a aplicabilidade dessa disposição ao Direito do Trabalho, inclusive como pressuposto para a perquirição objetivamente realizada — a possibilidade de reconhecimento de ofício da prescrição total e/ou da parcial.

A tal propósito, devemos observar que, sob o prisma lógico-formal, inexiste qualquer objeção à aplicação do § 5º do art. 219 do CPC, ante o que dispõe o art. 769 da CLT — dada a total inexistência de disciplina normativa do texto consolidado a respeito da alegação de prescrição, seria possível o uso supletivo da regra processual comum para esse fim. No entanto, o incipiente tema tem permitido algumas interpretações que afastam a incidência da regra comentada no processo do trabalho, e que são fundadas em um defendido caráter protetivo deste. Embora não seja predominante essa diretriz, autores de renome têm defendido que não somente ao Direito do Trabalho se aplica o princípio da proteção ao trabalhador, mas também isso seria imanente ao Processo do Trabalho, visto que não seriam úteis os preceitos que protegem o trabalhador sem o amparo de regras instrumentais de cunho igualmente protetivo. Dessa forma, para essa linha doutrinária, o § 5º do art. 219 do CPC não seria aplicável ao processo do trabalho, por sua incompatibilidade com o caráter protetivo deste, visto que a prescrição reconhecida de ofício tenderia a beneficiar quase sempre o empregador, em detrimento do trabalhador.

Tratando-se de tema recente na legislação, ainda não se pode afirmar a prevalência de qualquer das tendências apontadas, mas acreditamos que o caminho a ser naturalmente trilhado pela jurisprudência será o da plena aplicabilidade do § 5º do art. 219 do CPC, ao Processo do Trabalho, sobretudo porque não é dominante o reconhecimento de seu caráter protetivo. Sendo assim, partindo-se do pressuposto da incidência dessa regra ao processo trabalhista, parece-nos natural que poderia o juiz conhecer de ofício tanto da prescrição bienal quanto da quinquenal, mesmo porque, na realidade, a prescrição é uma só: o inc. XXIX do art. 7º, da CRFB/88 e o art. 11 da CLT estipulam o prazo prescricional de cinco anos para propositura de ações decorrentes dos créditos trabalhistas lesionados, prazo esse que conta com uma limitação temporal de dois anos da extinção do contrato de trabalho. Logo, a prescrição é uma só, ainda que seu prazo seja desdobrado em duas situações complementares. Dessa maneira, seja a ocorrência da prescrição total, seja ela parcial, em ambos os casos poderá haver reconhecimento de ofício pelo juiz do trabalho, se entender aplicável a regra comentada aos litígios trabalhistas. Por óbvio que, se não for esse o entendimento do magistrado, nenhuma das figuras permite a cognição sem provocação.

No que diz respeito ao dano moral, há também sólida divergência sobre o prazo prescricional a ser aplicado, quando o dano decorrer da relação empregatícia. É que há tanto aqueles que sustentam que o prazo seria o genérico, para ações na Justiça do Trabalho (o dos já citados inc. XXIX do art. 7º da CRFB/88 e o art. 11 da CLT), como também os que defendem que, por se tratar de um direito pessoal e não trabalhista, regulado pelo Código Civil, em que pese decorrente do contrato de emprego e de competência trabalhista, a prescrição a ser utilizada seria a daquele Código. Aqui também não se nota tendência de prevalecimento de uma ou de outra corrente, mesmo porque a questão foi relativamente potencializada a partir da Emenda Constitucional n. 45/04, que trouxe outras figuras processuais para a competência trabalhista. Como agora estão na jurisdição da Justiça do Trabalho inclusive ações que não envolvem empregados, vem tomando corpo um pensamento segundo o qual a natureza das relações jurídicas é que determina o prazo prescricional, de modo que processos envolvendo outras relações que não as de emprego, teriam o prazo regulado pelo Código Civil, ou pela legislação específica aplicado ao caso.

Isso não resolve, no entanto, o problema lançado na questão, pois o diferencial, neste caso, é que a relação jurídica é trabalhista. Logo, pelo critério antes anunciado, a prescrição haveria de ser a trabalhista, mesmo que o "direito" tivesse uma conotação civil. Assim, coerentemente com o parâmetro antes fixado, para as relações empregatícias, ainda que a ação verse sobre reparação moral, entendemos que o prazo deve ser o de cinco anos, com limite de dois da extinção do contrato de trabalho. É oportuno apontar que o Tribunal Superior do Trabalho vem enfrentando essa questão, mas ainda não manifestou qualquer uniformização de procedimento, havendo tanto decisões que reconhecem a prescrição trabalhista como as que assinalam que o prazo prescricional seria o da lei civil.

Com relação à última indagação, devemos observar que o enunciado da questão refere-se à prescrição no Direito do Trabalho. Assim, o tema deve ser analisado sob a perspectiva de uma ação monitória apresentada na Justiça do Trabalho. Pelos motivos já expostos anteriormente, em se tratando de direitos trabalhistas, a prescrição aplicável sempre será a trabalhista, não havendo nenhuma distinção de tratamento se fosse utilizada uma ação monitória para obter a prestação jurisdicional. É o que ocorreria, por exemplo, em um caso no qual exista um Termo de Rescisão de Contrato de Trabalho no qual o empregador reconhece dever a importância nele descrita. O trabalhador, ao invés de manejar a reclamação trabalhista, poderá desde logo oferecer ação monitória na Justiça do Trabalho, mas o prazo prescricional será o mesmo do art. 11 da CLT, independentemente da ação utilizada, mesmo porque a referência do inc. XXIX do art. 7º da CRFB/88 explicita que o prazo ali indicado é para todas as *ações trabalhistas*.

Logo, não existe, em matéria trabalhista, a diferenciação que permite, por exemplo, no processo comum, que um cheque, cuja execução já se encontre prescrita, possa ser objeto de ação monitória, com prazo de prescrição distinto.

5) "A" interpôs reclamação trabalhista contra sua empregadora, a sociedade de economia mista "B", sustentando que manteve contrato de trabalho pelo regime da Consolidação das Leis do Trabalho (CLT) com esta desde 1º.6.1980. Obteve aposentadoria espontânea em 1º.8.2007 e continuou trabalhando para sua empregadora, até que em 11.9.2009 foi abruptamente dispensado, ocasião em que recebeu apenas o saldo de salário e a liberação dos depósitos de Fundo de Garantia do Tempo de Serviço (FGTS). Postula o pagamento das verbas rescisórias decorrentes da dispensa sem justa causa, inclusive indenização de 40% sobre o FGTS de todo o contrato de trabalho. Defendendo-se, "B" alega que, não obstante entendimento exarado pelo Excelso Supremo Tribunal

Federal na Ação Declaratória de Inconstitucionalidade (ADIN) n. 1.770-4, no caso em apreço, com a aposentadoria espontânea obtida em 1º.8.2007, operou-se a extinção do contrato de trabalho mantido entre as partes e a prestação de serviços posterior não pode gerar direitos e obrigações, eis que tal vinculação está eivada de nulidade porque não precedida de nova aprovação em concurso de provas e títulos. Prequestiona a aplicação do art. 37, incisos II, XVI e XVII, e ainda § 10 da Constituição Federal, bem como aplicação da Súmula n. 363 do Colendo Tribunal Superior do Trabalho. Solucione fundamentadamente a controvérsia observando todos os questionamentos formulados pelas partes e o posicionamento adotado pelo Colendo Tribunal Superior do Trabalho.

A questão apresentada tem como foco central a análise sobre os efeitos da aposentadoria de empregado de sociedade de economia mista no contrato de trabalho, considerando-se a permanência na prestação de serviços após o jubilamento. Nesse sentido, a jurisprudência percorreu um longo caminho de controvérsias. Isso porque, tradicionalmente, a doutrina costumava situar a aposentadoria como um dos fatores de dissolução do contrato de trabalho, pela modalidade caducidade — inviabilidade da execução do contrato —, mas não se pode esquecer que isso tinha como amparo a legislação previdenciária que exigia do trabalhador aposentando o desligamento da empresa para obtenção do benefício. Assim era a exigência da Lei n. 5.890, de 8.6.1973 (art. 10, § 3º) que, apesar de modificada pela Lei n. 6.887 de 10.12.1980, teve a situação repristinada pelo disposto no art. 3º da Lei n. 6.950, de 4.11.1981.

Todavia, a partir da Lei n. 8.213/91 passou-se a não mais exigir do trabalhador que se desligasse do emprego como condição para a aposentação. Cabe registrar que nem sempre houve no ordenamento pátrio norma reguladora dos efeitos da aposentadoria no contrato de trabalho. O que fazia a lei previdenciária em vigor, em seu texto original, era declarar que o desligamento do emprego seria desnecessário para se pleitear a aposentadoria, mas a análise da eficácia desse fato no pacto laboral é tema cujas soluções somente foram dadas pela doutrina e pela jurisprudência, com base nesse dispositivo. Sendo assim, vez que não se tem mais exigência da norma previdenciária no sentido do rompimento contratual como condição para a aposentadoria, tem-se que a conclusão só pode ser a de que esse fato deixou de ser fator determinante de extinção da relação empregatícia. Ou seja, caso seja conveniente às partes, nada obsta que elas tomem como dissolvido o contrato pela aposentadoria, mas essa não seria mais a consequência necessária caso houvesse intenção de manutenção do vínculo não obstante a aposentação.

É certo que essa situação foi modificada, no plano normativo, primeiramente com a edição das Medidas Provisórias ns. 381, 408 e 446 e, mais adiante, com a MP n. 1.523, de 14.10.1996. O texto legal considerava literalmente extinto o vínculo de emprego por ocasião da aposentadoria do empregado, tornando inócuas interpretações dissonantes. Ao lado disso, a inclusão de dois parágrafos no art. 453 da CLT, por força da Lei n. 9.528/97, tornou evidente que a aposentadoria extinguiria os contratos de trabalho: o parágrafo primeiro exigia novo concurso público para empregados de paraestatais em caso de aposentadoria e o parágrafo segundo considerava, expressamente, extinto o contrato de trabalho de empregados aposentados proporcionalmente. Por essa razão, inclusive, o Tribunal Superior do Trabalho editou a Orientação Jurisprudencial n. 177 da SDI-1, em novembro de 2000, com esse sentido interpretativo.

Ocorre que tais parágrafos tiveram sua eficácia suspensa pelo Supremo Tribunal Federal, por intermédio da ADI n. 1.770-DF, referente ao parágrafo primeiro e da ADI n. 1.721/DF relativo ao parágrafo segundo. A decisão final dessas ações culminou com a procedência do pedido, conforme julgamentos ocorridos em 11.10.2006, com o decreto de inconstitucionalidade dos parágrafos.[5]

---

(5) "AÇÃO DIRETA DE INCONSTITUCIONALIDADE. READMISSÃO DE EMPREGADOS DE EMPRESAS PÚBLICAS E SOCIEDADES DE ECONOMIA MISTA. ACUMULAÇÃO DE PROVENTOS E VENCIMENTOS. EXTINÇÃO DO VÍNCULO EMPREGATÍCIO POR APOSENTADORIA ESPONTÂNEA. NÃO CONHECIMENTO. INCONSTITUCIONALIDADE. Lei n. 9.528/1997, que dá nova redação ao § 1º do art. 453 da Consolidação das Leis do Trabalho — CLT —, prevendo a possibilidade de readmissão de empregado de empresa pública e sociedade de economia mista aposentado espontaneamente. Art. 11 da mesma lei, que estabelece regra de transição. Não se conhece de ação direta de inconstitucionalidade na parte que impugna dispositivos cujos efeitos já se exauriram no tempo, no caso, o art. 11 e parágrafos. É inconstitucional o § 1º do art. 453 da CLT, com a redação dada pela Lei n. 9.528/1997, quer porque permite, como regra, a acumulação de proventos e vencimentos — vedada pela jurisprudência do Supremo Tribunal Federal —, quer porque se funda na ideia de que a aposentadoria espontânea rompe o vínculo empregatício. Pedido não conhecido quanto ao art. 11, e parágrafos, da Lei n. 9.528/1997. Ação conhecida quanto ao § 1º do art. 453 da Consolidação das Leis do Trabalho, na redação dada pelo art. 3º da mesma Lei n. 9.528/1997, para declarar sua inconstitucionalidade". ADI n. 1.770-DF." AÇÃO DIRETA DE INCONSTITUCIONALIDADE. ART. 3º DA MEDIDA PROVISÓRIA N. 1.596-14/97, CONVERTIDA NA LEI N. 9.528/97, QUE ADICIONOU AO ART. 453 DA CONSOLIDAÇÃO DAS LEIS DO TRABALHO UM SEGUNDO PARÁGRAFO PARA EXTINGUIR O VÍNCULO EMPREGATÍCIO QUANDO DA CONCESSÃO DA APOSENTADORIA ESPONTÂNEA. PROCEDÊNCIA DA AÇÃO. 1. A conversão da medida provisória em lei prejudica o debate

A partir dessas decisões do STF, o Tribunal Superior do Trabalho decidiu cancelar a OJ n. 177, firmando o entendimento consubstanciado na OJ n. 361 da mesma seção, de que a aposentadoria espontânea não tem o condão de extinguir o contrato de trabalho, ensejando, inclusive, o cálculo da indenização de 40% sobre a totalidade dos depósitos de todo o período de prestação de serviços.

No caso da questão suscitada, trata-se exatamente de um hipotético trabalhador que se aposentou enquanto trabalhava para sociedade de economia mista, permanecendo em atividade por cerca de dois anos após a aposentadoria, sem que prestasse novo concurso. Com isso, postula o recebimento das parcelas rescisórias decorrentes da rescisão contratual, inclusive a indenização de 40% do Fundo, mas a objeção defensiva sustenta-se na ausência de novo concurso público, que invalidaria a prestação de serviços. No entanto, esse argumento não merece prosperar. Afinal, como decidiu o STF, não sendo a aposentadoria uma causa necessária da extinção do contrato de trabalho, a subsistência de prestação de serviços, mesmo depois do jubilamento do trabalhador, faz com que permaneça íntegra a relação empregatícia formada originariamente. Sendo assim, não se há que falar em prestação irregular de trabalho, por ausência de concurso, eis que prevalece a condição originária de inserção no serviço público. Note-se que a contratação do reclamante indicado

---

jurisdicional acerca da "relevância e urgência" dessa espécie de ato normativo. 2. Os valores sociais do trabalho constituem: a) fundamento da República Federativa do Brasil (inciso IV do art. 1º da CF); b) alicerce da Ordem Econômica, que tem por finalidade assegurar a todos existência digna, conforme os ditames da justiça social, e, por um dos seus princípios, a busca do pleno emprego (art. 170, *caput* e inciso VIII); c) base de toda a Ordem Social (artigo 193). Esse arcabouço principiológico, densificado em regras como a do inciso I do art. 7º da Magna Carta e as do art. 10 do ADCT/88, desvela um mandamento constitucional que perpassa toda relação de emprego, no sentido de sua desejada continuidade. 3. A Constituição Federal versa a aposentadoria como um benefício que se dá mediante o exercício regular de um direito. E o certo é que o regular exercício de um direito não é de colocar o seu titular numa situação jurídico-passiva de efeitos ainda mais drásticos do que aqueles que resultariam do cometimento de uma falta grave (sabido que, nesse caso, a ruptura do vínculo empregatício não opera automaticamente). 4. O direito à aposentadoria previdenciária, uma vez objetivamente constituído, se dá no âmago de uma relação jurídica entre o segurado do Sistema Geral de Previdência e o Instituto Nacional de Seguro Social. Às expensas, portanto, de um sistema atuarial-financeiro que é gerido por esse Instituto mesmo, e não às custas desse ou daquele empregador. 5. O Ordenamento Constitucional não autoriza o legislador ordinário a criar modalidade de rompimento automático do vínculo de emprego, em desfavor do trabalhador, na situação em que este apenas exercita o seu direito de aposentadoria espontânea, sem cometer deslize algum. 6. A mera concessão da aposentadoria voluntária ao trabalhador não tem por efeito extinguir, instantânea e automaticamente, o seu vínculo de emprego. 7. Inconstitucionalidade do § 2º do art. 453 da Consolidação das Leis do Trabalho, introduzido pela Lei n. 9.528/1997». ADI n. 1.721/DF.

ocorreu em 1980, e nem se cogita em sua irregularidade na ocasião. Se assim ocorre — ou seja, se a contratação original não era maculada pela irregularidade constitucional — não existe contaminação do trabalho realizado pós-aposentadoria eis que esta, como dito, não extinguiu o contrato de emprego.

Ressalte-se que o STF decidiu, de maneira expressa e específica, que a manutenção da relação de emprego torna dispensável a prestação de novo concurso público, tanto assim que reputou inconstitucional a exigência legal nesse sentido. Tratando-se de decisão proferida em ADI, tem-se que seu efeito é parcialmente vinculante, pois embora permita, em tese, interpretação distinta, esta não poderá ser sustentada no texto legal reputado inconstitucional. Demais disso, a tese sustentada pela defesa da hipotética reclamada confronta literalmente com o já interpretado pelo STF, de modo que não há incidência do disposto nos textos constitucionais invocados pela reclamada, para fins de prequestionamento.

A consequência desse entendimento é a da inaplicabilidade, ao caso, da Súmula n. 363 do TST, vez que esta se destina a situações em que houve trabalho sem concurso público, o que não é o caso. Sendo assim, o reclamante em questão, em razão da despedida imotivada ocorrida em 11.9.2009, faz jus a todos os títulos rescisórios decorrentes do desligamento, quais sejam, a indenização do aviso-prévio, décimo terceiro proporcional de 9/12 e indenização por eventuais férias vencidas ainda não gozadas, além da indenização pela proporcionalidade das férias. Merece, também, receber a indenização de 40% calculada sobre o FGTS de todo o contrato de trabalho (ou seja, desde 1980), consoante expõe a OJ n. 361 do TST.

DIREITO PROCESSUAL DO TRABALHO

6) Durante audiência trabalhista, a testemunha indicada pela empresa, após compromisso, se recusa, sem justificativa legal, a responder perguntas feitas pelo Juiz. Ato contínuo, o Magistrado decreta a prisão em flagrante da testemunha, determinando ao oficial de justiça o seu recolhimento ao Distrito Policial. Indaga-se: a) Qual a consequência jurídica do ato do juiz, no âmbito penal? b) Qual a consequência jurídica do ato do Juiz, no âmbito da reclamação trabalhista?

A participação das testemunhas no processo não constitui uma faculdade ou "favor" prestado pelo cidadão. É, na realidade, um dever legal, consubstanciado pelo exercício de um encargo público (art. 419, parágrafo único, do CPC), que produz efeitos jurídicos no âmbito da vida pessoal e profissional da testemunha. Assim, sendo convocada para depor como testemunha, ela não poderá recusar-se injustificadamente ao comparecimento, sob pena de ser conduzida coercitivamente para esse fim (arts. 412/CPC e 825, parágrafo único/CLT), podendo, ainda, sofrer sanções de ordem econômica em razão desse fato (cf. dispositivos citados). De outro lado, comparecendo em Juízo, não poderá sofrer descontos em seus salários pelos dias de ausência (art. 419, parágrafo único/CPC e art. 473, VIII/CLT), sendo o período considerado como de interrupção do contrato de trabalho, caso se trate de trabalhador sujeito a regime trabalhista.

Dessa forma, a testemunha que comparece a Juízo está também obrigada a depor sobre os fatos de seu conhecimento. Só se escusa de responder aos questionamentos do magistrado se, de um lado, nada souber a respeito do que se pergunta, ou se ocorrer alguma das hipóteses do art. 406 do CPC: caso os fatos indagados, se respondidos, possam causar grave dano a ele, ao seu cônjuge ou aos seus parentes consanguíneos ou afins (em linha reta, ou na colateral em segundo grau); ou caso sobre os fatos deva guardar sigilo, por estado ou por profissão. Assinale-se que a CLT é totalmente omissa sobre as situações de escusa da testemunha, de maneira que se mostra absolutamente legítimo o uso subsidiário das disposições do art. 406 do CPC, que guardam absoluta compatibilidade com o processo do trabalho e são, na realidade, imprescindíveis para a preservação da testemunha.

Postos esses elementos, tem-se que a testemunha inquirida, no caso apresentado, não poderia se recusar a responder, sem justificativas, às perguntas do magistrado. Repita-se que a escusa deveria ser justificada, e para que essa justificativa seja válida deveria estar enquadrada em alguma das situações do art. 406 do CPC. Fora desses casos, a testemunha só poderia declarar o desconhecimento a respeito dos fatos, mas sua recusa sem apresentação de qualquer motivação implica ofensa direta ao disposto no art. 342 do Código Penal. Ali está tipificado o crime de *falso testemunho*, consumado não apenas quando há falseamento da verdade por parte da testemunha, mas também quando ela nega ou se cala sobre fatos verdadeiros. Dessa maneira, a conduta descrita na questão apresentada representa, de fato, o crime tipificado no art. 342 do Código Penal, sujeitando a testemunha à pena de reclusão pelo prazo de 1 a 3 anos e multa, com a possibilidade de agravamento da pena conforme § 1º do mesmo artigo.

Com isso, o ato do juiz que determinou a prisão em flagrante da testemunha oferece a possibilidade de ser ela processada criminalmente pela conduta indicada, mediante denúncia do Ministério Público Federal, com a possibilidade de condenação a ser imposta pela Justiça Federal, eis que a Justiça do Trabalho, segundo entendimento predominante no STF, não possui competência penal. Registramos que, apesar disso, entendemos desnecessária a atitude do hipotético magistrado, de determinar a prisão em flagrante da testemunha, eis que o crime em questão não se mostra suficientemente grave a ponto de ensejar esse tipo de constrangimento. Com efeito, embora o crime denote desrespeito ao Poder Judiciário, há uma tendência contemporânea de se considerar a relativização de respostas punitivas em excesso, desproporcionais à gravidade da conduta realizada.

Não deve ser desprezada, igualmente, a possibilidade de a testemunha ter agido dessa forma em razão de ainda manter vínculo de emprego com a reclamada: apesar desse fato não ter sido apresentado na questão, é uma possibilidade recorrente, eis que é um fato por demais comum nos processos trabalhistas. Sendo assim, é igualmente possível que a recusa da testemunha tenha derivado de seu temor reverencial de sofrer represálias no local de trabalho caso viesse a dizer a verdade, fato que, além de ser absolutamente verossímil, seria uma justificativa aceitável para afastar o caráter ostensivo do crime. Demais disso, nos termos do § 2º do art. 342 do Código Penal, o fato criminoso deixaria de ser punível se houvesse a retratação ou afirmação da verdade antes da prolação da sentença em que o crime foi cometido, de modo que a própria norma relativiza a gravidade do delito. Por esses motivos, entendemos que não se justifica a prisão em flagrante, cabendo ao juiz, oportunamente, requisitar ao Ministério Público Federal o oferecimento de denúncia contra a testemunha pelo crime enunciado.

No âmbito processual-trabalhista, o ato não tem consequências jurídicas diretas. Sendo testemunha trazida pela parte, destinava-se a realizar a prova dos fatos de seu interesse ou a contraprova dos fatos indicados pelo reclamante. Como não há mais informações sobre outras provas na questão, não é possível aferir-se concretamente os efeitos da conduta da testemunha, o que seria verificado apenas por ocasião da sentença, mediante o exame do conjunto fático-probatório. Em tese, portanto, e a depender dos demais elementos dos autos, esse fato poderia ser absolutamente irrelevante sob o ponto de vista processual. Da forma como exposta a questão, não vemos sequer a possibilidade de ser a reclamada condenada por litigância de má-fé, pois não há indicativos de que tenha havido conluio com a testemunha para que produzisse a situação enfocada, nem tampouco de que fora o ato praticado a mando da reclamada.

Hipoteticamente, podemos afirmar que, havendo fatos alegados pela reclamada — e que constituiriam o seu ônus probatório — eles não teriam sido provados pela testemunha, restando afastado o seu reconhecimento, salvo se houvesse mais testemunhas que o atestassem. Tratando-se de fatos articulados pelo autor — sendo seu o ônus de provar — a reclamada ficaria sem essa contraprova, e caso o reclamante tenha apresentado a prova testemunhal que lhe competia, a sentença tenderia a reconhecer a existência dos fatos respectivos.

7) *Habeas data*, *habeas corpus* e interdito proibitório: a) Conceito. b) É cabível a apresentação perante a Justiça do Trabalho? Fundamente e exemplifique.

O *habeas corpus* e o *habeas data* são duas espécies de ações que podem ser classificadas como mandamentais, ao lado do mandado de segurança e do mandado de injunção, e que estão consagradas, respectivamente, nos incisos LXVIII e LXXII, do art. 5º da CRFB/88. As ações mandamentais são aquelas que visam assegurar diretamente a observância de direitos fundamentais do cidadão, e bem por isso estão relacionadas no próprio art. 5º da Carta, qualificadas, elas próprias, também como direitos fundamentais.

O *habeas corpus* é a ação judicial destinada à preservação da liberdade de locomoção do cidadão, da qual ele poderá fazer uso sempre que sofrer ou for ameaçado de sofrer violência ou coação nessa liberdade, fundada em ato ilegal ou cometido com abuso de poder. Já o *habeas data* é o instrumento judicial que o cidadão pode manejar para assegurar o conhecimento de informações relativas à sua pessoa, que se encontrem em registros ou bancos de dados e entidades governamentais ou de caráter público. Ou ainda, pode usá-lo também para retificação de dados, quando não optar por fazer isso por meio de processo sigiloso, judicial ou administrativo.

O cabimento do *habeas corpus* na Justiça do Trabalho sempre esteve revolvido de ampla controvérsia, visto que o Supremo Tribunal Federal vinha entendendo que, por não ter o Judiciário Trabalhista competência penal, não poderia julgar *habeas corpus,* por se tratar, caracteristicamente, de uma ação penal. A despeito disso, os Tribunais Regionais e o Tribunal Superior do Trabalho não consideravam esse entendimento, e costumavam receber e processar os pedidos de *habeas corpus* perante eles impetrados. Essa polêmica teve fim com a vigência da Emenda Constitucional n. 45/04, que inseriu, no art. 114 da CRFB/88, o inciso IV, o qual expressamente assinalou na competência trabalhista o cabimento do *habeas corpus.*

No caso do *habeas data,* não havia manifestação específica do STF, e não se poderia aplicar o mesmo entendimento usado para o *habeas corpus,* por não se tratar, no caso, de ação penal. E os tribunais vinham admitindo com regularidade o seu cabimento na esfera trabalhista, o que se consolidou com o mesmo dispositivo constitucional, que também admitiu essa figura dentro da competência trabalhista, "quando o ato questionado envolver matéria sujeita à sua jurisdição".

Hoje, portanto, para ambas as figuras, é expresso constitucionalmente o cabimento na Justiça do Trabalho, o que ocorrerá sempre que o ato a ser atacado por qualquer dessas ações estiver sob a perspectiva da jurisdição trabalhista, verificada a partir dos demais incisos do art. 114 da CRFB/88.

Com isso, o *habeas corpus* será cabível, por exemplo, quando houver decreto de prisão por juiz do trabalho, motivado pela caracterização de infidelidade do depositário. Não podemos deixar de considerar que existem doutrinadores de nomeada que vêm defendendo a competência penal trabalhista, não só pela extensão decretada pelo novo texto constitucional, como também pelo próprio fato de que, havendo competência para *habeas corpus,* e sendo esta uma ação penal (como dito pelo STF), restaria explícito o cabimento dessas ações na Justiça do Trabalho. Não sabemos ainda se esse entendimento prevalecerá, mas o certo é que já temos notícias da existência de denúncias formuladas por procuradores do trabalho e recebidas por juízes do trabalho — em temas relacionados a trabalho escravo, por exemplo. Nesses casos, mais uma vez temos a possibilidade do uso do *habeas corpus*, inclusive visando ao trancamento da ação penal, perante o Tribunal Regional do Trabalho competente.

O cabimento do *habeas data* na Justiça do Trabalho apresenta maiores dificuldades, visto que, pelo seu próprio conceito, a impetração se faz sempre em face de ato da Administração Pública. Pela natureza das relações jurídicas objeto de competência trabalhista, só vemos essa possibilidade se resultar de ato praticado por órgãos da fiscalização do trabalho (inc. VII, do art. 114 da CRFB/88), pois somente aqui temos o ato administrativo típico. Mesmo que tenhamos um órgão público como empregador, é sabido que os atos por ele praticados nessa condição não são de império, mas sim de gestão, de modo que não poderiam ensejar *habeas data*, assim como não se sujeitam a mandado de segurança.

Logo, o *habeas data* na Justiça do Trabalho poderia ser manejado, por exemplo, para obtenção de registros ou informações por parte de um empregador, constantes da base de dados do Ministério do Trabalho ou de seus órgãos locais. Ou, então — e aqui envolvendo outra esfera de ato jurídico —, a partir de atos praticados pelo juiz do trabalho, como aquele em que, por exemplo, nega a determinada pessoa o fornecimento de certidões a respeito de informações armazenadas nos órgãos judiciais. Apenas é oportuno lembrar que o manejo do *habeas data* pressupõe que as informações que se buscam sejam relativas ao próprio impetrante, não servindo para obter informações de outra pessoa.

O interdito proibitório, por seu turno, é uma ação classificada dentre os procedimentos especiais de jurisdição contenciosa, e regulado pelos arts. 932 e 933 do CPC, e constitui o meio processual destinado a preservar a posse de bem, quando o seu possuidor direto ou indireto tiver justo receio de nela ser molestado. A ação objetiva a obtenção de mandado de proibição, que assegura ao autor a integridade da posse, contra turbação ou esbulho, sob pena de multa pecuniária em desfavor do transgressor.

Sempre entendemos que a Justiça do Trabalho, mesmo na vigência do texto anterior do art. 114 da CRFB/88, tinha sua competência para outras ações, que não as reclamações trabalhistas, inclusive para as possessórias. Afinal, a despeito da limitação subjetiva que vigorava (relações entre empregadores e trabalhadores), o contrato de trabalho poderia ser instrumento para a posse de bens, e os litígios próprios dessa posse deveriam ser dirimidos no âmbito da Justiça do Trabalho. Exemplo disso seria uma ação de reintegração de posse do empregador contra o empregado, quando este, embora cessado o contrato, continuasse a ocupar imóvel concedido como parte integrante desse mesmo contrato. Inequívoca a competência trabalhista, visto que, embora o direito perseguido fosse real, o título da posse foi o contrato de trabalho, o que atrairia a competência material da Justiça Especializada.

Nesse contexto, no entanto, o interdito proibitório não seria muito apropriado. Afinal, considerando-se sua hipótese de cabimento, não vemos situação concreta em que ele poderia ter lugar, a partir de um contrato de trabalho. Todavia, outra conclusão se permite se avaliada outra dimensão do tema. É sabido que o exercício do direito de greve, por vezes, implica em eventuais violações ao patrimônio do empregador, como é o caso de ocupações feitas em setores do estabelecimento, ou mesmo perante os seus portões, de modo até mesmo a impedir o acesso dos não aderentes ao movimento. Nesse caso, em tese, o interdito probitório seria a ação apropriada, com vistas à já anunciada preservação da posse de turbação ou esbulho iminente.

Para nós, a admissibilidade dessa ação não gera dúvidas de que a competência sempre foi trabalhista. Novamente, a despeito do bem jurídico a ser protegido, o debate se sustentava a partir da relação entre empregados e empregadores. E mais: a apreciação desse conflito implica, necessariamente, na avaliação a respeito do instituto da greve — seu exercício e suas limitações. Por isso que entendemos que a competência para julgar ações dessa espécie sempre foi trabalhista, mesmo antes da Emenda n. 45/04.

Não era essa a prática comum, no entanto, pois os empregadores que manejavam essa figura processual costumavam se valer da Justiça Comum, possivelmente fundados no equivocado critério relacionado ao objeto da ação — desconsiderando seus fatores teleológicos. E víamos, com isso, verdadeiras aberrações: os magistrados da Justiça Comum costumavam dar ao tema o mesmo tratamento que se dá à turbação ou esbulho de propriedades, em situações cotidianas, sem o incremento da greve, quando, na realidade, isso é totalmente inadequado. Afinal, o fenômeno sociológico denominado *greve* traz consigo características próprias, e serve de instrumento essencial de consagração de direitos fundamentais, de maneira que as limitações de seu exercício não podem ser analisadas em abstrato, com o mesmo foco do direito de propriedade nas relações privadas.

Em boa hora, portanto, veio a Emenda n. 45/04, que inseriu o inciso II, no art. 114 da Constituição, e invariavelmente admitiu que todas as ações decorrentes do exercício do direito de greve seriam de competência trabalhista — o que, repetimos, para nós não representa qualquer novidade, pois já entendíamos que assim se dava antes da Emenda. Com isso, tornou-se inequívoco que os interditos proibitórios hoje podem ser manejados na Justiça do Trabalho, como instrumento para preservação da propriedade do empregador, em caso de greve. O tema, após merecer uma manifestação do STF no Recurso Extraordinário 579.648, foi objeto da Súmula Vinculante n. 23, que pacificou o entendimento no sentido de que todas as ações possessórias que decorram do exercício do direito de greve são de competência trabalhista.[6]

A despeito da hipótese referida, para fins de competência, devemos registrar que não reconhecemos qualquer possibilidade de que o juiz possa conceder mandado proibitório em casos dessa natureza, porque, como já apontamos, o exercício abusivo do direito de greve não pode ser analisado em abstrato, de modo que o juiz não pode parametrizar previamente o modo de agir das entidades sindicais.

8) Qual a possibilidade de ação rescisória em sentenças normativas proferidas em Dissídios Coletivos?

A ação rescisória é uma espécie de ação tipicamente desconstitutiva ou constitutivo-negativa, pois o seu objetivo precípuo é o de rescindir uma decisão meritória transitada em julgado, em função de uma das

---

[6] Súmula Vinculante 23 — "A Justiça do Trabalho é competente para processar e julgar ação possessória ajuizada em decorrência do exercício do direito de greve pelos trabalhadores da iniciativa privada".

hipóteses do art. 485 do CPC. Trata-se, assim, da mais comum hipótese de relativização da coisa julgada, pois se permite, no prazo decadencial de sua utilização, que haja irresignação contra o conteúdo de uma sentença judicial da qual não caiba mais qualquer recurso.

De outra parte, as sentenças normativas são espécies *sui generis* de decisão judicial, eis que proferidas em dissídios coletivos por força do Poder Normativo conferido à Justiça do Trabalho pela Constituição da República (art. 114, § 2º). Por este poder, os juízes do trabalho têm a possibilidade de criar normas abstratas, aplicáveis aos membros de determinadas categorias profissionais e econômicas, a partir de conflitos coletivos instaurados entre essas classes, e para os quais não se obtém qualquer solução autocompositiva ou por meios extrajudiciais. A peculiaridade desse poder está no fato de que o Judiciário passa a ter um atributo nomogenético, contrariando a regra de suas atribuições, que é a de fazer aplicar as normas jurídicas aos casos concretos sob sua análise. Outra curiosidade desse instituto é que, apesar de sua denominação, é ato privativo dos Tribunais Regionais e do Tribunal Superior do Trabalho, sendo proferida sempre de forma colegiada, de maneira que, materialmente, trata-se de um acórdão (art. 163/CPC).

Exatamente por essa conformação particular, a sentença normativa não se sujeita à execução típica. Na realidade, ela sempre terá natureza constitutiva (quando proferida em dissídio de natureza econômica) ou declaratória (quando proferida em dissídio de natureza jurídica), de modo que não é passível de execução autônoma, posto não produzir decisão de caráter condenatório. A própria CLT, ao falar em "cumprimento" das sentenças normativas, em verdade estipula uma figura delineada de ação cognitiva, de cunho condenatório, denominada ação de cumprimento, para a qual, inclusive, legitima a entidade sindical representativa dos trabalhadores ao ajuizamento. Esse traço estipulador de condutas com caráter continuativo — já que as sentenças normativas devem possuir, necessariamente, prazo de vigência (art. 867/CLT) — faz com que elas não produzam coisa julgada material, senão somente coisa julgada formal. A razão disso está no fato de que essas decisões podem ser revistas, nos termos do art. 873 da CLT, após um ano de sua vigência, sempre que se tiverem modificado as circunstâncias que ensejaram a fixação de condições de trabalho, de modo que tenham se tornado injustas ou inaplicáveis (teoria da imprevisão).

Esses fatores tendem a levar à conclusão de que as sentenças normativas não se sujeitariam a ações rescisórias, visto que a não formação da coisa julgada material tornaria inviável a sua rescisão, mesmo porque sujeitas ao procedimento revisional mencionado. No entanto, discordamos desse entendimento, pois entendemos que há uma confusão conceitual que compromete uma visão mais adequada da questão. Com efeito, é certo que a existência de uma sentença de mérito transitada em julgado é pressuposto para as ações rescisórias, descabendo por completo a rescisão de decisões terminativas do feito. É certo, ainda, que as decisões que não apreciam o mérito de um conflito não produzem coisa julgada material, senão apenas coisa julgada formal. Assim, toda sentença que não aprecia o mérito da causa produz coisa julgada apenas formal; no entanto a recíproca não é verdadeira, pois a coisa julgada meramente formal não advém apenas de sentenças terminativas. Há situações em que as sentenças, embora definitivas, também não produzem coisa julgada material, como é o caso das ações de alimentos. Em situações como essas — o que também se repete nos dissídios coletivos —, a impossibilidade da formação da coisa julgada material decorre da modificabilidade da decisão, pela via revisional, tornando-a perenemente mutável, ao contrário das demais decisões passadas em julgado.

Isso não elimina, no entanto, a possibilidade teórica de sua rescisão, nas hipóteses do art. 485 do CPC. Cabe observar que as diretrizes taxativas que admitem a ação rescisória sempre têm como pressuposto a ocorrência de fato comprometedor da subsistência da decisão no mundo jurídico, sendo certo que nem sempre a decisão rescindente profere outro julgamento em substituição à rescindenda (art. 494/CPC). De outra parte, não se pode imaginar que a ação revisional teria o condão de suprir as deficiências da decisão com parâmetros equivalentes aos da ação rescisória. Do contrário, enquanto a ação rescisória, em regra, fundamenta-se em fatos pretéritos (à exceção dos incisos VI e VII, do art. 485 da CLT, mas que, ainda assim, relacionam-se com fatos da época da ação originária), a ação revisional tem como pressuposto lógico a modificação das circunstâncias fáticas dos envolvidos na obrigação, depois de proferida a decisão, a ponto de justificar que as bases do julgamento sejam redimensionadas. Na própria seara trabalhista, em sede individual, encontramos outros exemplos: é o caso de decisão que reconhece a insalubridade do local de trabalho do empregado, determinando ao empregador que passe a pagar-lhe o adicional correspondente, eis que o contrato continua em vigor. Também nesse caso, a decisão, ao menos no que diz respeito ao adicional em questão, não produz coisa julgada material, eis que, havendo modificação na situação de fato, poderá o empregador postular a revisão do comando decisório.

Em qualquer desses casos, portanto, é inafastável que se possa admitir a existência de ação rescisória, desde que configurada alguma das hipóteses do art. 485 do CPC. Especificamente no caso do dissídio coletivo, podemos imaginar, p. ex., que isso seja possível quando a sentença normativa autorizar a redução salarial dos trabalhadores sem redução de jornada. Configurada explicitamente a ofensa direta ao texto constitucional, é perfeitamente cabível a ação rescisória (art. 485, V, do CPC), mesmo porque não haveria outra forma de irresignação contra essa decisão, após o esgotamento de seu prazo recursal. Da mesma maneira, pode surgir essa possibilidade em acordos celebrados em dissídios coletivos, e devidamente homologados por sentença. Por força do princípio da conciliabilidade, ínsito ao processo do trabalho, também os dissídios coletivos estão em permanente estado de conciliação, de modo que pode haver acordo entre as partes após sua instauração. Nesse caso, a validade jurídica do acordo só se dá após a homologação do mesmo, consubstanciado, igualmente, por uma sentença normativa. Imaginemos, em um caso hipotético, que determinada entidade sindical de trabalhadores celebre acordo em dissídio coletivo movido contra sindical patronal, pelo qual são extintos os contratos de trabalho dos membros da categoria, com pagamento de valores inferiores aos devidos em suas rescisões, e ainda com cláusula de quitação ampla de todo o contrato de trabalho. É intuitivo que essa estipulação, por completamente lesiva a direitos fundamentais do trabalho, é eivada de nulidade; mas se houver homologação desse acordo, somente por ação rescisória poderia ele ser atacado e desconstituído em sua essência. Trata-se, portanto, de uma hipótese clara de admissibilidade da ação rescisória contra sentença normativa, a despeito da sua natureza.

Por tais fundamentos, assinalamos que existe, de fato, a possibilidade de ser ajuizada ação rescisória contra sentença normativa, fato inclusive que emana da leitura do disposto no art. 2º, I, "c", da Lei n. 7.701/88, que trata da competência da Seção de Dissídios Coletivos do TST. Ali está exposta, dentre as atribuições daquele órgão fracionário, a de decidir ações rescisórias visando à rescisão de sentenças normativas. Bem por isso, a jurisprudência do TST é prolífica na admissibilidade de ações dessa natureza. Por outro lado, é significativo assinalar-se que essa conclusão não contraria a Súmula n. 397 do TST, ainda que esta faça referência a particularidade da sentença normativa. Nesse verbete, o TST aponta o descabimento da ação rescisória contra sentença proferida em ação de cumprimento, quando a sentença normativa em que se fundou foi posteriormente modificada por recurso, mas não trata especificamente do tema envolvido pela questão.

9) A Lei n. 12.016, de 7 de agosto de 2009, trouxe nova disciplina ao mandado de segurança individual e coletivo. Faça a análise comparativa do art. 7º, § 1º, da lei em questão, com os princípios, as normas e as regras que informam o Direito Processual do Trabalho.

O mandado de segurança é uma modalidade de ação mandamental, arrolada dentre os chamados remédios constitucionais, quais sejam aquelas figuras previstas na Constituição da República, que se destinam à preservação dos direitos e garantias individuais e coletivas contra atos abusivos e arbitrários. Ainda que não houvesse expressa admissibilidade legal, a jurisprudência desde muito autorizava seu uso na Justiça do Trabalho; no entanto, pelo critério constitucional de competência material trabalhista antes vigente, a apreciação do Judiciário Trabalhista se restringia às ações envolvendo trabalhadores e seus empregadores, cerrando subjetivamente as hipóteses de cabimento do mandado de segurança. Dessa forma, a pertinência dessa ação ficava adstrita a situações de ofensa a direito líquido e certo oriunda de atos jurisdicionais. Nesse sentido, o entendimento corrente e dominante era de que os atos praticados pela autoridade pública na gestão dos contratos de emprego não poderiam ser considerados como "atos administrativos típicos", o que afastaria o cabimento dessa ação mandamental, já que o mandado de segurança não poderia substituir a reclamação trabalhista. Assim, se houvesse, p. ex., a demissão sumária de servidor público municipal, contratado pelo regime da CLT, não poderia ele impetrar mandado de segurança contra o ato do Prefeito, devendo postular as eventuais reparações em reclamação trabalhista.

Com a mudança no perfil da competência material trabalhista, o instituto também foi afetado: sendo suprimida a conformação pessoal da competência da Justiça do Trabalho, com a mudança na redação do art. 114, isso abriu a possibilidade de existirem outros atos oriundos de autoridade pública que se sujeitam ao mandado de segurança em seara trabalhista. Um dos exemplos que emergem desse novo quadro é o que resulta da conjugação do preceito em análise com a situação elencada no inciso VII do mesmo art. 114. Com o reconhecimento da competência trabalhista para apreciação dos atos da fiscalização do trabalho, eventuais mandados de segurança contra eles impetrados passaram a ser apreciados pela Justiça do Trabalho, e não mais na Justiça Federal. Além do sentido conceitual, isso traz também uma mudança prática: na versão anterior, por ser admitido apenas em face de atos jurisdicionais, a competência originária do mandado de segurança trabalhista era dos Tribunais Regionais do Trabalho ou do TST, dependendo da condição da autoridade coatora. Contemporaneamente, a partir dessa modificação, também o juiz de primeiro grau passa a ser competente para a apreciação de mandados de segurança, como p. ex., aqueles impetrados contra atos de auditores fiscais do trabalho.

Logo, se no regime constitucional anterior à Emenda n. 45 não se poderia falar em mandado de segurança apresentado perante o juízo de 1º Grau, essa é uma realidade hoje presente de maneira concreta, o que justifica a indagação formulada. Nesse sentido, vale observar que o § 1º do art. 7º da Lei n. 12.016/09, aponta que "da decisão do juiz de primeiro grau que conceder ou denegar a liminar caberá agravo de instrumento, observado o disposto na Lei n. 5.869, de 11 de janeiro de 1973 — Código de Processo Civil". O problema fundamental que a questão apresenta é o fato de que, no processo do trabalho, vigora o princípio da irrecorribilidade interlocutória, o qual determina o descabimento, em regra, de meios recursais contra decisões de incidentes do processo, cuja apreciação fica relegada à interposição do recurso da decisão principal. Esse preceito está objetivado no § 1º do art. 893, da CLT, o que torna inviável o uso do Agravo de Instrumento contra qualquer decisão interlocutória. Do contrário, essa figura recursal somente tem aplicação nos casos do art. 897, "b", da CLT, ou seja, das decisões denegatórias de seguimento de recursos.

De acordo com os critérios de admissibilidade dos instrumentos do direito processual comum ao processo do trabalho, somente podem ser aplicadas em sede trabalhista aquelas disposições que guardem compatibilidade com seus preceitos estruturais. Dessa forma, não é induvidoso afirmar-se que o § 1º do art. 7º da lei em questão é totalmente inaplicável ao processo do trabalho, em que pese se possa utilizar o mandado de segurança em sede trabalhista. Com isso, a conclusão inequívoca que essa análise nos apresenta é o fato de que a decisão de 1º grau da Justiça do Trabalho, concessiva ou denegatória de suspensão liminar do ato impugnado por mandado de segurança é irrecorrível. Essa conclusão não se demonstra imprópria eis que a própria lei anterior do mandado de segurança (Lei n. 1.533/51) não contemplava qualquer previsão de recorribilidade do ato em questão e ainda, que se admitisse o cabimento do Agravo, por aplicação supletiva das regras do processo comum, isso já seria, desde então, incompatível com o processo laboral. Logo, para o processo do trabalho, a irrecorribilidade enunciada não representa sequer novidade.

Em tese, por se tratar de ato irrecorrível, o ato judicial em questão poderia ensejar reclamação correicional — desde que deixasse de observar diretriz procedimental, lembrando-se que o Corregedor não tem competência jurisdicional e, por isso, não poderia apreciar o conteúdo da decisão, senão apenas se o procedimento foi ou não regular. Por outro lado, ainda que o ato de deferimento ou indeferimento da liminar configure como ofensivo a direito líquido e certo da autoridade dita como coatora, isso não permitiria a impetração de outro mandado de segurança, nos termos da Orientação Jurisprudencial n. 140 da SDI-2 do TST.[7] É certo que essa orientação jurisprudencial foi elaborada ainda na vigência da Lei n. 1.533/51, mas não parece que a realidade apresentada pela Lei n. 12.016/09 teria o condão de superar essa interpretação.

Por fim, vale lembrar que isso se aplica somente às decisões em mandados de segurança decididos por juiz de 1º Grau, como indica o próprio dispositivo legal em análise. Com efeito, tratando-se de ato de juiz de TRT ou de Ministro do TST, o tema é tratado pelos regimentos internos respectivos, sendo que, em regra, o ato praticado monocraticamente permite a interposição de Agravo Regimental, o que seria perfeitamente aplicável a situações de deferimento ou indeferimento de mandados de segurança.

10) Qual o fato gerador da contribuição previdenciária cuja competência para execução está acometida à Justiça do Trabalho? Diante da falência do executado, como o juiz deve proceder para levar a cabo a execução da contribuição previdenciária e respeitar o privilégio do crédito trabalhista?

Fato gerador é um conceito tributário que compreende determinada situação que a lei define como sendo necessária e suficiente à ocorrência de uma tributação, como se extrai do art. 114 do Código Tributário Nacional. É também chamado de *fato tributável*, pois corresponde a uma situação jurídica sobre a qual a lei vislumbrou a necessidade de imposição de tributos, consoante os paradigmas de política tributária executados pela autoridade correspondente. Esse tema, próprio do Direito Tributário, passou

---

(7) "MANDADO DE SEGURANÇA CONTRA LIMINAR, CONCEDIDA OU DENEGADA EM OUTRA SEGURANÇA. INCABÍVEL (ART. 8º DA LEI N. 1.533/51). DJ 4.5.2004. Não cabe mandado de segurança para impugnar despacho que acolheu ou indeferiu liminar em outro mandado de segurança."

a ser de interesse direto dos operadores justrabalhistas após a Emenda Constitucional n. 20, de 1998, que inseriu no art. 114 da Constituição da República o seu § 3º. Por esse dispositivo, a Justiça do Trabalho tornou-se competente para a execução das contribuições sociais consagradas no art. 195, I, *a* e II, da mesma Constituição, relativamente às sentenças proferidas em sede trabalhista. Esse dispositivo foi mantido pela Emenda Constitucional n. 45, sendo apenas redimensionado de modo a se tornar o inciso VIII do art. 114 em sua redação atual.

De outra parte, a mesma Constituição da República regula a tributação e o orçamento nos arts. 145 a 169, prevendo que são considerados tributos os impostos, as taxas e as contribuições de melhoria. Também estipula a competência exclusiva da União para instituir contribuições sociais, de intervenção no domínio econômico e de interesse das categorias profissionais ou econômicas, como instrumento de sua atuação nas respectivas áreas (art. 149). Por outro lado, no parágrafo quarto do art. 195, destinado à regulamentação da ordem social, estabelece a Lei Maior a possibilidade de serem instituídas outras fontes destinadas a garantir a manutenção ou expansão da seguridade social. Desse contexto, pode-se concluir que, se as contribuições sociais são previstas no Título VI da CF e se normas destinadas à tributação e orçamento são aplicadas às contribuições sociais, tem-se que estas possuem natureza jurídica tributária. Assim, a despeito do que consta do art. 145 da Constituição Federal, é inequívoca a conclusão de que as contribuições sociais, dentre as quais se incluem aquelas previstas no art. 195, I, "a" e II da CF, também devem ser consideradas tributos.

Disso resulta que se aplicam a tais contribuições as disposições do Código Tributário Nacional, bem como os princípios e demais normas aplicáveis em matéria tributária, inclusive a definição legal do fato gerador dessas contribuições. Com esse quadro, passou a fazer parte da realidade do juiz do trabalho a deliberação sobre institutos como o enfocado, visto que, invariavelmente, há a necessidade de sua fixação em sentenças trabalhistas, a fim de permitir a adequada execução das contribuições sobre ela incidentes. Isso porque a definição desse fato gerador resulta em diversas repercussões de ordem processual-material, das quais destacamos, principalmente, a incidência de juros moratórios e de multas e ainda o início do fluxo prescricional.

Para alcançarmos uma resposta eficaz para tal indagação, é oportuno partirmos do próprio conceito de fato gerador, a partir do qual nos compete analisar qual seria a *situação necessária e suficiente* prevista na lei a gerar a obrigação tributária para as contribuições sociais incidentes sobre as verbas definidas em sentença trabalhista. Em tal contexto, as cortes trabalhistas têm enfrentado exaustivos debates sobre o assunto, podendo-se afirmar a ocorrência de, pelo menos, *três* teses passíveis de serem defendidas, com resultados distintos em cada caso. A primeira é a que dimana da literalidade do § 2º do art. 43 da Lei n. 8.212/91, que considera o fato gerador das contribuições sociais como sendo a efetiva prestação do serviço pelo trabalhador. Tal norma contempla modalidade de interpretação autêntica, pois emana do próprio órgão que produziu o ato cujo conteúdo é declarado; no entanto, é importante salientar que o referido § 2º somente foi inserido pela Medida Provisória n. 449, de dezembro de 2008, posteriormente convertida na Lei n. 11.941 (27.5.2009), o que não era antes disciplinado.

Outrossim, essa interpretação tem também como fundamento o inciso I do art. 28 da Lei n. 8.212/91, que menciona como salário de contribuição não apenas o *rendimento pago*, mas também o *devido* ou *creditado*. Por isso, o simples *fato* de a remuneração já ser devida — naturalmente em função de a ocorrência da prestação de serviços, já configuraria o fato gerador, pois o crédito ao qual se refere a norma não é apenas o contábil, mas também o jurídico. Assim, uma vez que o crédito jurídico decorre da prestação laboral, haveria o fato gerador da contribuição com a simples ocorrência dessa prestação, e não a data do crédito contábil ou do pagamento. A situação definida em lei como necessária e suficiente para a ocorrência do fato gerador da obrigação principal seria a própria prestação de serviços, pois é ela quem gera a contraprestação pecuniária devida ao trabalhador e, consequentemente, as contribuições sociais incidentes sobre essa remuneração, ainda que não tenha sido paga de forma tempestiva.

É certo que a Constituição Federal, em seu art. 195, I, da CF, prevê que a incidência das contribuições sociais do empregador, da empresa e da entidade a ela equiparada é feita sobre a folha de salários e demais rendimentos pagos ou creditados, a qualquer título, à pessoa física que lhe preste serviço, mesmo sem vínculo empregatício. Esse enfoque daria ensejo à conclusão de que é o efetivo pagamento que determina a incidência tributária, de sorte que esta situação (pagamento) é que deveria ser considerada o fato gerador. Ainda assim, é possível se concluir que a Magna Carta apenas fixou a base de cálculo das contribuições que, juntamente com a alíquota, constitui o *elemento valorativo* do fato. Nada teria afirmado sobre o fato gerador, mesmo porque o Supremo Tribunal

Federal já decidiu que esse tema (fato gerador) é disciplinado pela legislação ordinária, não integrando contencioso constitucional (AI 508.398 AgR). Disso resulta, também, que é constitucional a Medida Provisória n. 449, que acrescentou os parágrafos segundo e terceiro ao art. 43 da Lei n. 8.212/91.

Ainda em amparo dessa tese, pode-se considerar que a sentença traduz a vontade da lei aplicada à situação fática controvertida, a partir de um direito preexistente que se revela e se materializa com a declaração jurisdicional. Isso se dá, mormente, com as sentenças condenatórias, que impõem ao empregador o pagamento de parcelas sonegadas durante o contrato de trabalho, sendo que o efeito delas sempre é retroativo à época em que se formou a relação jurídica ou em que se verificou a situação jurídica reconhecida. Trata-se do mesmo fundamento que legitima a incidência da correção monetária sobre as verbas trabalhistas, computada desde a data do fato que as ensejou. Nesses casos, tem-se que o crédito já existia, sendo apenas aperfeiçoado pela decisão proferida judicialmente, sem a qual não seria exigível.

Essa interpretação é a que tem sido correntemente defendida pela União Federal, na condição de entidade arrecadadora das contribuições previdenciárias, eis que naturalmente isso atende melhor aos seus interesses. Afinal, o reconhecimento do fato gerador define também o termo inicial para a imposição de juros, multas e correção monetária, o que torna os créditos dessa natureza por demais vultosos. Tal circunstância — potencializada pelo fato de que os índices da Taxa SELIC, usada para majoração dos tributos, têm oscilado em níveis bastante elevados — sustenta os argumentos em prol da segunda tese a respeito do tema. Nesse sentido, há respeitável corrente que aponta para o reconhecimento de que somente o *pagamento em atraso da contribuição previdenciária* é que justificaria a aplicação dos juros equivalentes à taxa SELIC, incidentes no valor atualizado acrescido da respectiva multa de mora. O pressuposto dessa conclusão é o de que a obrigatoriedade da cobrança da contribuição previdenciária surge somente após o efetivo trânsito em julgado da sentença de liquidação dos cálculos — ou da própria sentença de conhecimento, se líquida —, que constituiria, portanto, o *fato gerador* da referida obrigação. Esse entendimento deriva da constatação de que a incidência dos juros de mora e da multa por atraso detém a natureza punitiva, de modo que somente poderiam ser aplicados na hipótese do não recolhimento da contribuição previdenciária dentro do prazo legal destinado ao empregador, após transitada em julgado a sentença líquida ou a sentença de liquidação. Argumenta-se, na defesa dessa teoria, a necessária observância do disposto no inciso II do art. 5º da CF/1988, bem assim do preceito jurídico segundo o qual não se podem interpretar de maneira ampliativa regras restritivas de direito.

No entanto, outros julgadores formularam soluções um pouco distintas, como derivação dessa linha de raciocínio, pelo que são encontrados fundamentos para uma *terceira tese*, segundo a qual o fato gerador para incidência da contribuição previdenciária seria o momento em que os valores devidos ao trabalhador eram quitados, ou seja, o efetivo pagamento, tendo como base fundamental a já citada alínea "a", I, do art. 195 da CF. Portanto, considerava-se o total das parcelas da condenação sobre as quais incidia, efetuando-se o desconto no ato do pagamento, o que também era legitimado pelo *caput* do art. 43 da Lei n. 8.212/1991, antes da inclusão dos seus parágrafos. Assim, entendia-se que o *fato gerador* surgia no exato momento em que ocorria o pagamento de parcelas com natureza remuneratória, integrantes do conceito de *salários de contribuição*. No mesmo sentido, estipulava o art. 5º do Provimento n. 2/1993 da Corregedoria Geral da Justiça do Trabalho, que então regulava o tema, referendando esse entendimento; todavia, esse Provimento foi revogado pela Consolidação das Normas da Corregedoria, em abril de 2006, não sobrevindo nenhuma outra norma em qualquer dos sentidos.

Tais entendimentos adquiriram notável preferência dos tribunais trabalhistas, sobretudo porque, como exposto, produziriam soluções economicamente menos agressivas, ainda que resultassem em nítido prejuízo à arrecadação. Todavia, alguns dos julgadores que adotavam uma ou outra interpretação, antes da Medida Provisória n. 449, modificaram seu entendimento exatamente a partir do novo texto legal, que aponta, em sentido expresso, a prestação de serviços como sendo o fato gerador. No entanto, a despeito dessa previsão expressa, também hoje se encontram defensores da tese de que, para fins de *imposição de juros e de multa* incidentes sobre as contribuições sobre rendimentos **devidos** — vale dizer, aquelas derivadas de relações jurídicas pretéritas mas cuja implementação dependeria de reconhecimento judicial e sua fixação monetária —, o termo inicial seria o mês subsequente ao da liquidação, nos termos do § 3º, do art. 43 da Lei n. 8.212/91. Assim, independentemente do que se reconhece como sendo o fato gerador das contribuições, a repercussão prática disso — termo inicial dos juros e das multas — sempre deveria levar em conta o momento da fixação pela decisão de conhecimento (no caso de sentenças líquidas) ou pela sentença de liquidação. Temos, assim, que no atual contexto legislativo, é inequívoca a prevalência da diretriz exposta na primeira das teses indicadas, ainda que se possa atenuar a incidência dos encargos sobre as contribuições, com a adoção deste último preceito.

Nada obstante as execuções previdenciárias estejam hoje situadas na competência da Justiça do Trabalho, não existe disciplina legal exauriente do procedimento a ser adotado para essa finalidade. Apenas a Lei n. 10.035/00 inseriu alguns dispositivos na CLT, capazes, na realidade, de causar mais conflitos do que soluções, e que não são suficientes para disciplinar todos os atos para ultimação dessa execução. Desse modo, é comum verificar-se que cada órgão jurisdicional adota um rito diferenciado para situações análogas. A rigor, temos que o rito a ser observado nas execuções previdenciárias haveria de ser o da Lei n. 6.830/80, que é aquele aplicável às execuções fiscais. Com efeito, a natureza do órgão jurisdicional que aprecia a ação não afeta o rito usado, especialmente se ela tem disciplina especial. Assim entendeu também o TST em sua Instrução Normativa n. 27/05, que reconheceu a prevalência do rito trabalhista para as ações que não derivariam de relações de emprego, mas ressalvou a aplicação do rito próprio para aquelas que possuem regramento especial, em lei específica. Sendo assim, seria oportuna a aplicação, para as execuções previdenciárias, das normas destinadas ao processamento das execuções fiscais em geral.

Nesse sentido, o art. 29 da Lei n. 6.830/80 estipula que a cobrança judicial da Dívida Ativa da Fazenda Pública não é sujeita a concurso de credores ou habilitação em falência ou outra modalidade similar. Por outro lado, a Lei n. 11.101/2005, não modificou essa qualificação, o que nos permite concluir que, se considerada a execução previdenciária uma modalidade de execução fiscal, ainda que esteja em curso na Justiça do Trabalho, a superveniência de falência do devedor em nada afetará o fluxo do processo, que poderia ser ultimado no mesmo Juízo. A dificuldade natural de se assimilar essa possibilidade está no fato de que, assim se procedendo, os demais credores ficariam prejudicados, inclusive os próprios trabalhadores, pois estaria havendo privilégio à Fazenda Pública em preterição aos créditos alimentares.

Bem por isso, prevalece uma interpretação que hoje é pacificada, inclusive no STJ, no sentido de que, diante da preferência dos créditos trabalhistas face os créditos tributários, o produto da arrematação realizada na execução fiscal deve ser colocado à disposição do juízo falimentar para garantir a quitação preferencial dos créditos dos trabalhadores. Procura-se fazer uma análise sistemática dos arts. 29 da Lei n. 6.830/80 e 186 e 187 do Código Tributário Nacional, afastando-se a literalidade da norma, em razão das motivações mais nobres do procedimento unitário advindo do concurso. Com isso, respeita-se o prosseguimento do processo executivo fiscal, contudo, o produto da alienação é que deve ser colocado à disposição do Juízo Falimentar, satisfazendo a preferência legal.

Por esta razão, o acolhimento da literalidade do art. 29 da Lei n. 6.830 também não tem predominado na Justiça do Trabalho, inclusive na sua Corregedoria Geral. Na Consolidação dos provimentos desse órgão está determinado que, nas reclamações trabalhistas ajuizadas contra massa falida, apurados os valores devidos a título de contribuições sociais, expedir-se-á certidão de crédito previdenciário, cujos requisitos estão arrolados nos incisos do art. 97 daquela norma. Outrossim, o art. 99 dessa Consolidação estabelece que referida certidão, acompanhada dos documentos referidos no art. 98, devem ser remetidos, por ofício, para a Vara da Justiça Comum em que tramita o processo de falência, dando-se ciência do ato ao representante judicial da União.

Em que pese não se trate de norma legal — mas sim ato administrativo emanado da Corregedoria Geral da Justiça do Trabalho — há uma indicação de que, na perspectiva do TST (ou, ao menos, de sua Corregedoria), de que não se pode fazer incidir o disposto no art. 29 da Lei n. 6.830/80 para as execuções previdenciárias. Isso porque o procedimento apontado evidencia que a execução das contribuições devidas por empregadores cuja falência foi decretada deve ser processada no Juízo Universal, em que se instalou o concurso falencial. Por certo que esse posicionamento não tem força vinculativa, já que a Corregedoria Geral não possui função jurisdicional, e a definição do rito processual a ser seguido é atribuição exclusiva do magistrado que preside o processo, não podendo ser objeto de determinação de autoridade cujas atribuições são apenas administrativas. Mas, como dito, representa uma forma eficiente de se assegurar que o privilégio legal dos créditos laborais possa ser respeitado.

DIREITO CIVIL

11) Administrador autônomo firmou contrato de prestação de serviços com empresa multinacional, estabelecendo um acordo de não concorrência, pelo qual se comprometia a não exercer atividade que venha concorrer com a empresa, em nível nacional ou internacional, pelo período de dois anos, contados da data em que este contrato tiver sua vigência encerrada. Em contrapartida, recebia indenização correspondente a 50% do honorário mensal pactuado, pelo período de 24 meses, também a contar do encerramento do contrato. Indaga-se: a) A pactuação efetivada é compatível com o Texto Magno? b) Pode a empresa renunciar ao acordado, por sua vez deixando de pagar, unilateralmente, a indenização avençada; c) Caso o trabalhador tome a iniciativa de romper o contrato, a indenização será devida? d) A competência para dirimir eventual controvérsia decorrente de referido contrato é da Justiça do Trabalho?

O enunciado da questão aponta para caso em que um administrador autônomo firma contrato de prestação de serviços com empresa multinacional, não havendo qualquer alegação de relação empregatícia dissimulada. Logo, não se aplicam os preceitos próprios de proteção ao trabalhador empregador, regendo-se a relação apontada estritamente pelas diretrizes do Código Civil.

Nesse sentido, é oportuno ser destacado que as relações civis são caracterizadas, em regra, pela aplicação do princípio *pacta sunt servanda*, privilegiando-se os termos estritos da contratação realizada entre as partes, em homenagem à autonomia da vontade. No entanto, esse princípio vem sendo mitigado pela adoção de outro preceito, que tem fundamento constitucional e está presente no mesmo Código Civil de 2002, que é o princípio da função social do contrato.

Podemos entender a função social como um conjunto de direitos e deveres que atingem a atividade a que estão relacionados o exercício da propriedade, o contrato e a empresa, e impõem um dever ao exercente dessa atividade. Ela se encontra na necessidade, p. ex., de a propriedade ter fins coletivos, ou seja, de ser direcionada a uma finalidade produtiva, pois a ordem econômica deposita nos particulares a responsabilidade pelo seu desenvolvimento. Não há um conceito estático e definitivo sobre função social, pois ele está em permanente processo de evolução, de forma diretamente proporcional à evolução das exigências da sociedade.

As estipulações constitucionais valorizadoras da função social da propriedade e da empresa resultaram na incorporação da função social do contrato como princípio inerente ao ordenamento civil: "A liberdade de contratar será exercida em razão e nos limites da função social do contrato" (art. 421 do CC). Assim, o contrato deixa de ser um negócio jurídico cujos interesses estão afetos somente os contratantes, mas efetivamente uma atividade humana que se relaciona com os interesses do conjunto da sociedade. Com isso, além de ser um instrumento importante de viabilização das relações jurídicas, dotado de obrigatoriedade para preservar a segurança das partes envolvidas, o contrato deve ainda atender aos reclamos da sociedade, não podendo resultar na produção de injustiças. Com isso, vemos uma completa revisão dos limites negociais vigentes antes da nova regra entrar em vigor: a autonomia da vontade das partes passa a ser limitada pelo interesse social, de modo que a validade dos negócios jurídicos resta condicionada ao cumprimento dessa função social.

Apesar dessas considerações, não vemos inconstitucionalidade na estipulação contratual sob exame. Com efeito, sem que se possa afirmar a existência de vício de consentimento — elemento ausente na apresentação do problema — não se vislumbra nessa cláusula de não concorrência qualquer inconstitucionalidade. Mesmo assegurando o direito ao exercício de qualquer trabalho (art. 5º, XIII, da CF), o Texto Constitucional não impede que seja estipulado contrato com o teor indicado, haja vista que se trata de uma derivação ou decorrência da relação contratual antes vigente. A propósito, esse tipo de cláusula também existe em determinadas atividades públicas, mediante a imposição de uma "quarentena", na qual sequer há recebimento de qualquer remuneração. Demais disso, a cláusula reproduzida não proibia o trabalhador de exercer qualquer atividade, mas apenas aquela que implicasse concorrência com a empresa.

Por isso, a nosso ver não apenas não existe inconstitucionalidade, como a norma atende a outro princípio do Código Civil de 2002: o princípio da eticidade, evidenciado pelo reconhecimento dos valores éticos no ordenamento jurídico. Com isso, é frequente no Código a referência à probidade e à boa-fé, como é o caso do próprio art. 422, que determina que "os contratantes são obrigados a guardar, assim na conclusão do contrato, como em sua execução, os princípios de probidade e da boa-fé". Nesse sentido, a condição estratégica do prestador de serviços justifica a preocupação da empresa em não tê-lo como concorrente, presumindo-se que sua ciência a respeito das diretrizes administrativas da empresa poderiam ocasionar-lhe profundo prejuízo caso isso fosse admitido.

Por outro lado, caso haja a renúncia por parte da empresa a respeito da obrigação que compete ao trabalhador, isso não permite que se reconheça a dispensa unilateral do pagamento da indenização a ele devida. O contrato tem caráter bilateral, e somente por outro ajuste ou mecanismo recíproco de extinção das obrigações é que poderia haver essa supressão. A renúncia é ato unilateral e incondicionado, não dependendo de aceitação do beneficiário nem é vinculada à existência de prestação ou contrapartida. Por isso, mesmo que a empresa abdique de seu direito, deveria continuar a pagar a indenização prevista que, inclusive, se inseria no planejamento econômico do trabalhador, configurando, sua supressão unilateral, ato abusivo, passível de reparação por via judicial.

Em caso de inadimplemento da obrigação atinente ao trabalhador, no entanto, a situação é distinta. A inexecução faltosa do contrato permite ao outro contratante cessar a prestação que lhe cabia, que tinha a clara finalidade de servir de contrapartida à que lhe foi sonegada. No caso analisado, quando o trabalhador descumpriu a cláusula de não concorrência, tornou desnecessária a permanência da indenização compensatória que foi contratada com a empresa, cujo fim era exatamente suprir a impossibilidade do exercício específico da atividade mencionada. Assim, o ato de não pagamento da indenização seria lícito em havendo descumprimento da obrigação pelo trabalhador, sem prejuízo de eventual ação cominatória ou mesmo de ação de reparação de danos.

A competência para a apreciação desses conflitos seria da Justiça do Trabalho, desde que reconhecido o caráter ampliativo do inciso I, do art. 114, da CF. A rigor, esse tema ainda pende de uma definição jurisprudencial mais nítida, sendo certo que o Superior Tribunal de Justiça já afastou a competência trabalhista para a análise de postulação de profissional liberal contra seu cliente (Súmula n. 363). Embora não seja específica, essa súmula dá indicativos de que a tendência do STJ é a de não reconhecer que esses assuntos estariam sob a jurisdição trabalhista, pois o que vem sendo até o momento decidido não afasta a interpretação do inc. I do art. 114 da conformação histórica que centra a competência da Justiça do Trabalho nas relações empregatícias. Assim, entendemos que a posição que deve prevalecer na jurisprudência é a de que essas ações devem ser ajuizadas na Justiça Comum, em razão da restritividade na aplicação dos ditames do inc. I, do art. 114 da CF.

DIREITO CONSTITUCIONAL

12) Uma das características dos sistemas constitucionais contemporâneos é a transversalidade dos direitos humanos que, em termos práticos, significa a interligação entre os chamados deveres de abstenção e os deveres de prestação do Estado e dos agentes privados, quer para a teoria da aplicação horizontal direta, quer para a aplicação indireta. Numa ação civil pública movida contra uma mineradora e diversos prestadores de serviços por ela contratados, o Ministério Público do Trabalho postulou que o tomador se abstivesse de excluir horas de trajeto da planilha de custos dos prestadores de serviço, para que a jornada prestada não excedesse as oito (8) horas diárias e as quarenta e quatro (44) semanais, já computadas as horas de trajeto, além de reparações por dano moral coletivo. Os argumentos do magistrado para acolher os pedidos basearam-se numa inspeção judicial de vinte e nove (29) horas e na circunstância de o *locus* da execução do contrato ser uma floresta nacional, onde o direito de ir e vir sofre severa restrição legal por força do *ethos* da conservação da biota (fauna e flora): isso porque a jornada concretamente executada (incluído o deslocamento e a preparação para o deslocamento) durava quinze (15) horas diárias, comprometendo uma série de aspectos da vida civil e social dos cidadãos, desde o descanso até a fruição de suas convicções religiosas, o convívio familiar, inclusive o exercício de suas funções paternas, além do direito ao lazer. A base da decisão encontra respaldo na jurisprudência consolidada e sumulada do TST, mas também recorreu a conceitos de direito econômico, como o *dumping*, para interferir no regime de contratos do tomador e impor obrigações de não fazer, relacionadas com o descumprimento de legislação federal pelos prestadores de serviço. Trata-se da imposição horizontal de direitos fundamentais. Mas qual a legitimidade jurídica, legal e sociológica para tais imposições judiciais?

Como superação da prevalência histórica do pensamento jurídico de caráter positivista, antes da virada do milênio começou a ser construída uma nova perspectiva da ciência do Direito, que imediatamente passou a ser tratada como pós-positivismo. Essa designação decorre exatamente como elemento demarcatório do rompimento institucional com a linha de pensamento anteriormente predominante. O pós-positivismo inaugura o encontro da norma com elementos axiológicos, especialmente a ética, a ponto de introduzir no ordenamento jurídico positivo as ideias de justiça e legitimidade, materializadas em princípios, assim nominados os valores compartilhados pela sociedade em um dado momento e lugar.

As decisões judiciais, a partir do paradigma pós-positivista, não mais são fundadas apenas no postulado da vigência formal da norma, eis que seu formulador não mais poderia ignorar a necessidade de observância do dever de ética, assim como deve observar a realidade social na decisão que irá proferir.

Assim, um julgamento ético é aquele que não é meramente formal, mas, ao contrário, é um julgamento que vai atuar positivamente na realidade social. Neste aspecto, para se atingir um julgamento ético, é defeso ao juiz atuar mecanicamente, mas, ao contrário, deve adentrar na previsão das consequências de sua decisão.

Dessa atribuição decorre a conclusão de que não somente as regras jurídicas é que são aptas ao cumprimento mediante sua incidência ao caso concreto, também os princípios possuem positividade, o que lhes confere a qualidade de normas jurídicas. Princípios não são, como as regras, comandos imediatamente descritivos de condutas específicas, mas sim normas que consagram determinados valores ou indicam fins públicos a serem realizados por diferentes meios. A definição do conteúdo de cláusulas como dignidade da pessoa humana, razoabilidade, solidariedade e eficiência também transfere para o intérprete uma dose importante de discricionariedade.

Para que se consumem as expectativas da atuação do juiz pós--positivista, este deve assumir uma atitude propositiva, estabelecendo soluções a partir de uma interpretação das normas da Constituição que possibilite a expansão de seu sentido e alcance em matéria de direitos fundamentais. Com isso, admite-se que o magistrado não apenas crie normas para serem aplicadas a situações em que elas não existem (em casos de lacunas normativas), mas também dimensione a aplicação das normas existentes segundo os parâmetros axiológicos mais apropriados, ou em consonância com os reclamos sociais em vigor. Isso é o que se tem nominado de ativismo judicial, eufemismo utilizado para apontar todas as práticas jurisdicionais que não se limitam a compreender o universo do direito com o exclusivo foco formal da existência da norma e da sua imperatividade.

Essa prática tem se mostrado cada vez mais necessária, ante à inexorabilidade dos direitos fundamentais, cujo exercício, ainda que impostergável, nem sempre é viabilizado em razão da inexistência ou insuficiência de normas positivas que efetivamente os consolidem. Tomemos como exemplo um determinado caso hipotético em que uma mulher, grávida de um feto anencéfalo, ingressa com ação judicial pretendendo autorização para realizar um aborto terapêutico, a fim de não configurar conduta criminosa. É indisputável que sua iniciativa está fundada no preceito da dignidade da pessoa humana, visto que o nascimento de uma criança nessas condições representará um grave e prolongado sofrimento para ela e para sua família, sem que haja qualquer expectativa de superação da deficiência física. No entanto, a ordem positiva não contempla a possibilidade de interrupção da gravidez, exigindo do magistrado que irá sentenciar um envolvimento suprapositivista para solucionar a questão de maneira ética e justa.

Por certo que seria por demais confortável ao juiz indeferir a pretensão, pela simples ausência de amparo legal. No entanto, a situação fática enunciada produz nítida situação de injustiça, violando preceito ético elementar na tarefa jurisdicional. Parece imperativo, nesse caso, que o juiz acolha a pretensão da demandante, suprindo a deficiência normativa, a fim de produzir um resultado consonante com os interesses da sociedade.

Outro exemplo nesse sentido dimana de recente decisão do Superior Tribunal de Justiça, ao reconhecer a possibilidade de adoção bilateral de uma criança, por um casal homossexual. Em uma seara delicada, eivada de preconceitos, e ainda constrangida pela interferência de postulados religiosos, o tribunal admitiu a prática do ato, à revelia do ordenamento positivo que, sendo calcado em uma vertente conservadora, não abre espaços para situações dessa natureza. A despeito dessa negativa normativa, o Judiciário foi acionado para dar uma resposta à sociedade, de modo a atender a uma situação que pode ser reprisada em centenas de situações. Mais uma vez, somente se admite essa possibilidade se houver um comprometimento ético do magistrado sentenciante, no sentido de buscar a solução que mais bem atenda aos interesses da sociedade. No caso, novamente a dignidade da pessoa humana tende a ser o ponto referencial de balizamento da decisão: constatou-se que a diferenciada situação do casal adotante em nada prejudicaria a formação da criança, sendo, ao contrário, uma atitude louvável a de oferecer a ela uma família, ante o quadro de abandono que sofrera antes do ato. Em respeito à dignidade das pessoas envolvidas, sobretudo da criança, temos que a decisão não poderia ser mais apropriada.

Como demonstrado no problema, a sentença determinou que a jornada dos trabalhadores por ela beneficiados não pode ultrapassar os limites constitucionais, já computadas as horas destinadas ao trajeto de ida para o local de trabalho e retorno dele. Os preceitos fundamentais de preservação da dignidade foram absolutamente indispensáveis para essa conclusão, eis que o quadro anteriormente desenhado obrigava os trabalhadores a dispor de cerca de 15 horas diárias para os deslocamentos, gerando situação de total iniquidade. Para tanto, o julgador teve de considerar que os direitos fundamentais possuem também eficácia horizontal: ao lado da clássica eficácia vertical desses direitos fundamentais — que obriga ao respeito pelo Poder Público — insere-se na eficácia horizontal ou privada a possibilidade de se exigir o cumprimento dos direitos fundamentais também nas relações entre particulares.

Nesse sentido, devemos considerar que os direitos fundamentais expressam uma ordem objetiva de valores, cujos efeitos normativos alcançam todo o ordenamento jurídico. Por esse motivo, desde sua conformação inicial, os direitos fundamentais são reconhecidos em sua eficácia vertical, consubstanciando as prestações positivas e negativas do Estado em relação aos particulares. No entanto, admite-se também a eficácia horizontal, obrigando particulares ao seu cumprimento, principalmente quando se trata de entidades particulares detentoras de poder social, ou seja, quando se situam em uma relação jurídica com nítida situação de desnível social ou econômico, capaz da afetar a paridade da relação jurídica. Em casos como esses, tem-se uma relação semelhante ao âmbito das relações particular-Estado, o que justifica plenamente a incidência horizontal dos direitos fundamentais, como ocorre no Direito do Trabalho, como derivação da desigualdade econômica entre trabalhadores e empregadores.

Não existe na ordem constitucional brasileira nenhum dispositivo que determina diretamente a vinculação e aplicabilidade dos direitos fundamentais aos particulares — como ocorre, p. ex., no direito português — mas não se encontram justificativas para que se sustente a negativa de uma eficácia horizontal, ao menos no que concerne aos direitos fundamentais que não possuam como únicos destinatários os poderes públicos. Especificamente em matéria trabalhista, o legislador constitucional assinalou o valor social do trabalho como um dos fundamentos do Estado Democrático de Direito, ao lado da dignidade da pessoa humana e da cidadania, dentre outras.

Desta forma, mostra-se plenamente compatível com o ordenamento jurídico pátrio o reconhecimento da eficácia direta dos direitos fundamentais nas relações jurídicas entre particulares, mormente em matéria trabalhista, como foi decidido no hipotético caso lançado na questão, o que legitima juridicamente a decisão judicial.

A legitimidade legal da decisão em comento que reconheceu a eficácia direta dos direitos fundamentais entre particulares repousa nos arts. 4º e 5º da Lei de Introdução ao Código Civil e art. 8º, e parágrafo único, da CLT, que expressamente autorizam ao magistrado suprir lacunas normativas, axiológicas e ontológicas. Não nos parece que se pretendia nessa questão a indicação de todos os dispositivos constitucionais e legais que fundamentaram a decisão judicial, mas quais os dispositivos legais que legitimam o reconhecimento da eficácia horizontal dos direitos humanos.

Ainda, não há como não reconhecer que cabe ao Poder Judiciário, na sociedade moderna em que vivemos, uma interpretação das normas de forma a adequar o ordenamento jurídico às mudanças sociais, mantendo o equilíbrio entre a lei e a estrutura social, reconhecendo nas forças que atuam na sociedade a capacidade para modificar o sentido das normas.

Não negamos que os fatos sociais são assimilados pelo legislador, determinando a modificação e a adequação do ordenamento jurídico à realidade social. Contudo, verificamos que o processo legislativo é mais lento e não tão permeável às influências da sociedade, quanto o processo judiciário de criação de normas. Assim, acreditamos que o Poder Judiciário revela-se mais sensível às influências dos fatos sociais, e, por isso mesmo, mais apto e célere na adaptação do direito à vida na sociedade. Muitos são os fatores sociais que determinam a formação e alteração de normas jurídicas, sejam legisladas, sejam jurisprudenciais. Estes fatores que podem ser de ordem política, econômica, ideológica, a Ciência do Direito tem classificado tradicionalmente de fontes materiais ou fontes de produção de normas jurídicas.

Não basta, contudo, como já mencionamos, reconhecer que o direito deve acompanhar as transformações sociais, pois que o direito pode ir além disso, devendo ser utilizado também como instrumento de mudança social. Neste ponto, temos o direito atuando de maneira conformadora sobre a sociedade, como um fator social de grande relevância.

Mas é por meio da jurisprudência que o direito se revela como grande promotor de mudança social. Desse modo, a magistratura, ao aplicar e interpretar as leis — dizendo o sentido e o alcance destas, tem o papel relevante de fazer com que o direito seja instrumento de mudança social. Assim, o direito, aplicado concretamente servirá como base no processo de mudança social e democratização das relações sociais. Esses fatores é que conferem **legitimidade sociológica** à decisão retratada na questão.

DIREITO ADMINISTRATIVO

13) São imutáveis os atos praticados pela Administração? Justifique. Comente a expressão "coisa julgada administrativa".

Conquanto seja comumente usada, a doutrina critica incisivamente a expressão "coisa julgada administrativa". Afinal, chamamos de coisa julgada a eficácia que torna imutável o quanto decidido de forma definitiva pelo Poder Judiciário no âmbito de um processo judicial. Logo, coisa julgada é um termo técnico, advindo do direito processual, ainda que tal eficácia gere até mesmo projeção constitucional — no dispositivo que a protege da própria lei. Assim, soa imprópria a expressão quando nos referimos a ato da Administração Pública, feito em uma esfera fundamentalmente extrajudicial.

É certo, todavia, que a Administração Pública pratica uma ampla diversidade de atos que lhe são típicos e tais atos produzem efeitos jurídicos dos mais variados. Mas o ato administrativo típico não pode ser comparado ou equiparado ao ato judicial, mesmo porque, no caso do Poder Judiciário, seu agente está equidistante das partes envolvidas, e disso pressupõe-se um resultado que prima pelo equilíbrio, pela isonomia de tratamento e pela imparcialidade, sendo certo que estes dois últimos são também princípios de direito processual. Já quando a Administração pratica um ato, no bojo de um processo ou de um procedimento administrativo, o faz sendo ela mesma uma das partes interessadas, de modo que exerce uma função nitidamente parcial na solução dessa questão.

Dessa maneira, e justamente por essa dupla qualidade — de parte e "julgador", ao mesmo tempo —, os atos da Administração nunca são definitivos, estando sempre sujeitos ao controle feito pelo Poder Judiciário, mediante a provocação do interessado. Logo, respondendo-se à primeira parte da pergunta, tem-se que, por regra, os atos da Administração são sempre sujeitos à revisão, e por isso não podem ser qualificados como imutáveis.

Todavia, existe no Direito Administrativo um fator que funciona como um dos limites ao poder revogatório que a Administração possui dos próprios atos — o Poder Público pode, dentro de determinadas condições, revogar atos que praticou, mas isso sofre alguns limites, um deles justamente o que se convencionou chamar de "coisa julgada administrativa". Essa expressão, portanto, no Direito Administrativo, significa que o ato praticado tornou-se irretratável pela própria Administração, não podendo ser por ela modificado.

Esse fenômeno assegura a imutabilidade dos atos administrativos editados, dos processos administrativamente terminados ou das sentenças prolatadas, visto que os atos administrativos vinculados, perfeitos, unilaterais, regulares, geradores de direitos subjetivos, definitivos, que não causam estado e são firmes, são irreversíveis, ou seja, imutáveis. Por isso se diz que produzem coisa julgada. Nesse contexto, há claro interesse da própria Administração de que sejam mantidas as decisões proferidas, justamente para se evitar que o subjetivismo do administrador da ocasião possa alterar substancialmente questões já analisadas anteriormente.

Sendo assim, pode-se afirmar, em complemento ao já manifestado, que determinados atos da Administração, uma vez praticados, tornam-se imutáveis, mas apenas para ela, que não pode mais revogá-los, nada impedindo, no entanto, que a parte interessada promova a correspondente ação visando essa modificação, ou mesmo, conforme o caso, que o Judiciário venha a tornar o ato inválido por provocação do Ministério Público.

Assim, defendem os que sustentam o cabimento da expressão "coisa julgada administrativa", que ela nada tem a ver com seu paradigma jurisdicional, mas é uma expressão típica do Direito Administrativo, que significa que certos atos administrativos, como, p. ex., os vinculados, os que já esgotaram seus efeitos ou os que geraram direitos subjetivos, quando praticados, tornam impossíveis a revogação, de modo que se revelam irretratáveis pela própria Administração, ressalvando-se sempre a possibilidade de revisão judicial. Assinale-se, ainda, por oportuno, que a modificação dos atos administrativos pela própria Administração — que representa o princípio da autotutela — encontra-se resguardada por manifestação sumular do STF que, no entanto, ressalva tanto o respeito aos direitos adquiridos como também a possibilidade de apreciação judicial do ato.

Súmula n. 473 do STF — "A Administração pode anular os seus próprios atos, quando eivados de vícios que os tornem ilegais, porque deles não se originam direitos; ou revogá-los, por motivo de conveniência e oportunidade, respeitados os direitos adquiridos, e ressalvada, em todos os casos, a apreciação judicial".[8]

---

(8) Súmula n. 473 do STF — "A Administração pode anular os seus próprios atos, quando eivados de vícios que os tornem ilegais, porque deles não se originam direitos; ou revogá-los, por motivo de conveniência e oportunidade, respeitados os direitos adquiridos, e ressalvada, em todos os casos, a apreciação judicial".

DIREITO PROCESSUAL CIVIL

14) Prova testemunhal: a) Arguida a contradita e negado, pela testemunha, o fato que a embasou: qual será o procedimento do magistrado? b) Como deve proceder o magistrado que, durante o depoimento da testemunha (advertida e legalmente compromissada), constata que a mesma está mentindo em juízo? c) Obriga-se o juiz, na forma da lei, à oitiva de todas as testemunhas que as partes tenham conduzido para depor? d) Em que hipóteses não se admite prova testemunhal?

A prova testemunhal admite, por ocasião do momento da sua coleta, a oposição de objeção fundada em fatores de suspeição ou impedimento da testemunha, ou ainda em razão da sua incapacidade para depor (art. 405 do CPC). Quando isso ocorre, no entanto, temos um caso típico de questão incidental no processo, ou mais propriamente ainda, uma questão incidental em uma determinada prova.

Negado pela testemunha a ser inquirida o fato a ela atribuído como ensejador da sua suspeição ou do seu impedimento, o juiz poderá, se houver meios para tanto, passar à coleta de provas do fato da contradita. Isso normalmente se faz por meio de prova testemunhal, que é colhida incidentalmente, ou seja, suspendendo-se a coleta do depoimento da testemunha impugnada, e passando-se à coleta das testemunhas da contradita — que, em regra, são as próprias testemunhas que deveriam depor no processo, a não ser que, em se tratando de processo comum, a parte impugnante, sabedora de quem seria apresentado pela parte adversa, em face do rol obrigatório, já trouxesse testemunhas especificamente para essa prova.

Obtida a prova da contradita, o juiz passa a decidi-la, passando a ouvir a testemunha, caso a rejeite, ou dispensando-a caso acolha. Embora teoricamente seja possível, não vemos como cabível falar-se em prova documental da contradita, a não ser que seja apresentada na própria audiência. Afinal, se o juiz suspendesse a audiência para permitir a prova da contradita, isso implicaria em violação da incomunicabilidade da prova oral, que restaria cindida.

Se o magistrado constatar que a testemunha está mentindo em seu depoimento, poderá reconhecer ali a prática do crime de falso testemunho e, em tese, até mesmo dar-lhe voz de prisão. No entanto, consideramos esse procedimento equivocado e impróprio, e por diversas razões. A rigor, a caracterização do falso testemunho só pode ser afirmada, com franca certeza, no momento da prolação da sentença, que é aquele em que o juiz já tem disponíveis todas as provas para que sejam valoradas e analisadas em seu conjunto. É muito difícil e até temerário que o juiz declare que a testemunha mentiu em Juízo antes de concluir totalmente a instrução do processo, pois a interpretação da prova é feita de forma plena e conjunta, somente após o encerramento da instrução, inclusive porque o crime de falso testemunho permite retratação até a prolação da sentença do processo em que foi cometido.

Logo, o juiz que age com prudência, ao constatar que a testemunha está faltando com a verdade, pode reiterar a advertência e o compromisso realizados inicialmente, e até mesmo realizar questionamentos visando obter contradições em seu depoimento ou mesmo reformulações de declarações já realizadas. E, em se mantendo o depoimento, ao proferir a sentença, deve afirmar a ocorrência de falso testemunho, na confrontação com as demais provas, e determinar a expedição de ofício ao Ministério Público, para que este possa oferecer a denúncia competente.

No processo comum, admite-se que cada parte arrole até dez testemunhas (art. 407, parágrafo único, do CPC); porém, o diretor do processo é sempre o juiz e a ele cabe avaliar, antes de tudo, a pertinência de qualquer prova que vier a ser requerida no curso do feito. Sendo assim, está inserido nos poderes do magistrado, pelo que dispõe o art. 130 do CPC, o de indeferir as provas desnecessárias ou que se mostrem somente protelatórias, sem que isso configure cerceio de defesa, o qual apenas ocorrerá se a parte foi injustificadamente impedida de fazer prova e essa prova se mostrar essencial na produção do resultado negativo da demanda para ela.

Assim, o juiz pode cessar a oitiva de testemunhas, mesmo que as partes ainda tenham testemunhas a ouvir, se entender que, pelos depoimentos já colhidos, há pleno convencimento dos fatos que precisa apreciar quando do julgamento. A propósito, deve-se observar que a prova testemunhal é eminentemente qualitativa, ou seja, sua valoração se faz pelo conteúdo do depoimento — sua coerência ou sua verossimilhança, dentre outros fatores — e não pela quantidade de pessoas que se apresentaram para depor. Por isso, é equivocada a prática muito verificada em audiências, de se pretender ouvir testemunhas para "confirmar" o depoimento de testemunhas anteriores. Afinal, é totalmente desnecessária repetição ou confirmação de provas, de modo que uma segunda testemunha somente deve ser ouvida se tiver como pressuposto a necessidade de provar fatos distintos dos provados pela primeira, ou se a prova apresentada pela anterior foi insuficiente ou débil.

Portanto, pela sua condição de condutor do processo e destinatário da prova, o juiz tem o poder de estabelecer, no curso da instrução, quantas testemunhas serão ouvidas, não sendo obrigado a ouvir todas as que forem apresentadas pelas partes.

A despeito da determinação genérica da lei processual, que admite a plenitude de meios probatórios, desde que moralmente legítimos, em se tratando de processo comum, a permissividade da prova testemunhal é relativizada: o próprio CPC não admite prova testemunhal sobre fatos que só por documentos ou por exame pericial puderem ser provados, somente admitindo, ainda, a prova exclusivamente testemunhal nos contratos cujo valor não exceda o décuplo do salário mínimo vigente no país, ao tempo em que foram celebrados.

15) É tecnicamente correto afirmar que uma ação foi julgada improcedente? Justifique, analisando a evolução da doutrina nesta matéria.

A questão envolve uma discussão aparentemente semântica, mas que, na realidade, revela-se conceitual — o uso impróprio da expressão "improcedência da ação" é corriqueiro, mesmo em peças que deveriam ter apuro técnico, como as sentenças, nas quais costumamos ver tal expressão com regularidade. Isso porque a ação é um instrumento de preservação dos interesses da parte, e subordina-se a condições específicas de sua validade. Logo, para o devido processamento de uma ação, não se verifica sua "procedência", mas sim o seu cabimento diante das já aludidas condições — a legitimidade das partes, o interesse de agir e a possibilidade jurídica do pedido, segundo a doutrina mais tradicional, e consoante as diretrizes assumidas pelo CPC vigente.

Assim, o decreto de procedência ou improcedência somente poderia recair sobre o objeto da ação, e nunca sobre ela. Afinal, segundo a teoria hoje predominante — teoria abstrata —, o direito de ação é dirigido apenas contra o Estado, e não contra a parte adversa: logo, preenchidas suas condições ela sempre "procede". Com isso, o direito de ação é tratado de forma absolutamente autônoma em face do mérito da lide, pois seu exercício se esgota na provocação feita ao Estado, dentro das condições processuais para tanto, não importando se o autor tem ou não razão no seu pleito.

O uso da expressão como consta da questão, embora não tenha essa tradução literal, seria muito mais apropriado para aqueles que defendem a teoria concreta do direito de ação, como é o caso de Chiovenda, para quem o direito de ação se dirige contra o adversário, constituindo o poder jurídico de dar vida à condição para atuação da vontade da lei. Em outras palavras, a ação seria um direito potestativo daquele que possui razão em um litígio em face de quem não tem e, portanto, só ocorreria o direito de ação se houver procedência do seu objeto. Para essa vertente, portanto, as expressões "procedência" ou "improcedência da ação" são corretas, eis que o direito de ação somente se consagra pela aferição do mérito do conflito.

Mas no Brasil, como dito, predomina a teoria abstrata do direito de ação, e por isso, vários autores sustentam que a forma correta de se referir ao tema é "procedência" ou "improcedência do pedido", pois este é o objeto de qualquer ação. O direito de ação é o poder de exigir do Estado o exercício da jurisdição, e, portanto, independe da efetiva existência do direito material invocado. A ação é concebida como um direito subjetivo de natureza autônoma (distinta da natureza material tutelada) e de índole pública (por ser direcionada contra o Estado-Juiz, detentor do monopólio jurisdicional), existindo o direito de ação independentemente do direito substancial afirmado em Juízo, sendo o poder de invocar a tutela jurisdicional.

Não deixa de haver ação quando uma sentença nega a pretensão deduzida em juízo. Assim, não é a ação que é improcedente, mas sim a pretensão deduzida em juízo. A ação somente se condiciona em abstrato, sendo dirigida ao Estado, sujeito passivo de tal direito. Admitir como correta a expressão improcedência da ação, significaria afirmar que o autor não possui direito de ação, o que é inconcebível, ao menos no sistema hoje vigente.

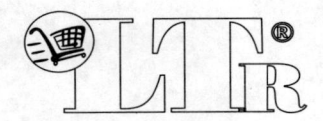

LOJA VIRTUAL	BIBLIOTECA DIGITAL	E-BOOKS
www.ltr.com.br	www.ltrdigital.com.br	www.ltr.com.br